To Be Kind and Firm
to Raise Our Kids
-- Positive Discipline from a Two-kid Mum

温和而坚定地
养儿育女

—— 二胎妈妈正面管教践行记

华川 著

WUHAN UNIVERSITY PRESS
武汉大学出版社

图书在版编目(CIP)数据

温和而坚定地养儿育女:二胎妈妈正面管教践行记/华川著.
—武汉:武汉大学出版社,2018.3(2021.12 重印)
ISBN 978-7-307-20021-0

Ⅰ.温… Ⅱ.华… Ⅲ.家庭教育 Ⅳ.G78

中国版本图书馆 CIP 数据核字(2018)第 034455 号

责任编辑:刘小娟 孙 丽 责任校对:周卫思 装帧设计:吴 极

出版发行:**武汉大学出版社** (430072 武昌 珞珈山)
(电子邮箱:whu_publish@163.com 网址:www.stmpress.cn)
印刷:武汉兴和彩色印务有限公司
开本:880×1230 1/32 印张:8.25 字数:200 千字
版次:2018 年 3 月第 1 版 2021 年 12 月第 3 次印刷
ISBN 978-7-307-20021-0 定价:38.00 元

自序：我与正面管教结缘

生二胎后，我辞掉工作，打算全心全意做个全职妈妈。因为养育大宝的过程，我受挫感甚重。

如今我有了时间，下决心一定要改变，于是买回很多很多的育儿书。

这种不成体系的阅读，让我时而醍醐灌顶，时而彷徨犹疑。育儿界各种理论流派也是层出不穷，一时西风压倒东风，一时东风压倒西风。

对于家庭教育，我始终没找到清晰的坐标，本该理智的大脑，仍然周期性失控。

真正的改变，从我遇见"正面管教"开始。

2014 年的冬天，我在朋友的推荐下，参加了一次正面管教公益讲座。当时授课的老师是来自美国的正面管教导师——谢丽尔·欧文女士，授课地点是北京的一个会议厅。

现在已难回忆起当时讲了什么，只记得上完公益课回来，儿子惊讶地说："妈妈怎么变得这么温柔了？"

我也头一次发现：温柔原来是这样自然而美好的事，不需要隐忍，不需要克制。

我需要将这种温和持续下去，而不是像潮水一样来了又去，去了又来。我联系到了美国正面管教协会，获得了两位创始人亲自录制的授课视频，以及重达几公斤的原版英文教程。我发扬当年考托福的精神，埋头钻研3个月，学习完全部教程，并书写了长达几十页的英文答卷。递交答卷几天后，我收到了美国正面管教协会发来的"家长讲师"资格证书，与此同时，我还收到了其创始人之一，琳·洛特女士一封很长的私人邮件，她鼓励我向更多中国家长传播正面管教理念。

在此后的育儿实践里，我坚决秉承"温和而坚定"的原则，把孩子所有的不良行为或者犯错，都当作是其成长的机会。而孩子，也以他点滴的进步，让我不断地收获感动。

我的情绪也不再周期性失控，家人都惊叹于我的变化。

因为自己受益颇多，我不遗余力地向周围的人推荐正面管教，首先是川爸，紧接着是我多年的好友，叮当妈和Kevin妈妈，等等。我们这些正面管教家长还经常在一起讨论思考：

从未有哪种教育理念，有那么强大的适用性和包容性，无论年龄大小，无论家庭贫富……是的，"温和而坚定"适合所有的关系。也没有哪一派育儿理论，可以演化出这么多具体而实用的工具，哪怕你从零起步，也可以快速学以致用。

最终，我和我的正面管教伙伴们，决定开创一个正面管教家庭课堂，集平生所学，向更多家长推广"温和而坚定"的教育理念。如今，我们的"华川家庭课堂"已开展多次线下线上家长培训课，取得了良好的效果。

/ 温和而坚定地养儿育女——二胎妈妈正面管教践行记 /

这些参加家庭课堂的家长学员,给我反馈最多的是:"当我学会管理自己的情绪,变得温和而坚定之后,我发现孩子也更听话了。"以往职场经历带给我的所有的成就感,都比不上一位母亲给我这样一段留言反馈。我决定把家庭教育作为此生最重要的事业;我决定把所有的感受、经验写下来,整理成书。朋友圈一位正面管教妈妈的文字,替我说出了我做这一切的理由:

"我在乎每一个孩子的感受,因为你们的孩子会影响我的孩子的幸福,因为你们的孩子会成为我的孩子的医生、律师、朋友、亲人。所以,我希望所有的孩子都幸福。"

小贴士:正面管教简介

正面管教:以个体心理学创始人、现代自我心理学之父——阿尔弗雷德·阿德勒和美国著名儿童心理学家、精神病医生、教育家——鲁道夫·德雷克斯的思想为基础,由美国杰出心理学家、教育家、加利福尼亚婚姻和家庭执业心理治疗师——简·尼尔森博士首先提出并倡导的一整套教育理念和方法(简博士自己也是7个孩子的母亲和二十多个孩子的奶奶或外祖母)。

正面管教提倡和善与坚定并行,不娇纵、不惩罚地养育孩子。通过理解孩子的行为逻辑,在不破坏亲子关系的前提下面对一切育儿挑战,并赢得孩子的尊重,培养孩子的自律意识和责任感。

正面管教家长课堂不只是简单地灌输理论知识，还以"体验式"教学蜚声全球。这种教学除了讲授知识，还可以是游戏式的、互动式的、体验式的，让所有学员参与其中的学习方式。能让家长在最短的时间内，学会站在孩子的角度思考，理解孩子行为背后隐藏的动机。是让人告别"道理我都懂，就是改不了"的最佳学习方式。

（美国正面管教协会官方网站 https：//positivediscipline.org/）

目 录

第一篇　温和而坚定

第二篇　俩宝之家

第三篇 "华川家庭课堂"答疑精选

第一篇

温和而坚定

第一章　为什么要温和而坚定？

什么是温和与坚定并存？

首先，我将采用一张图片来解释这两个重要概念。

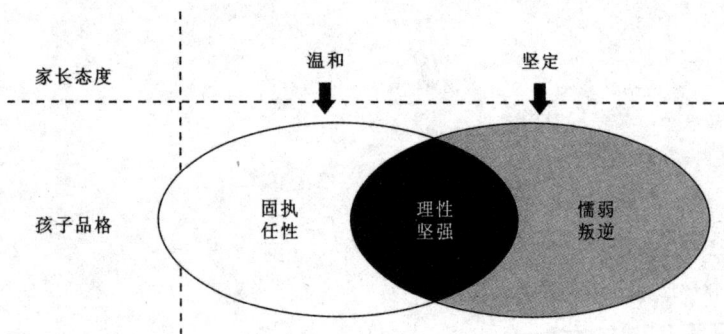

从这张图我们可以看到：白色区域代表温和，灰色区域代表坚定。中间叠加的黑色部分，代表温和与坚定并存。如果家长只做到温和，就会娇纵孩子，养育出来的孩子会固执、任性。如果只坚定而不温和，就成了控制性教育，养育出来的孩子会懦弱，缺乏主见。只有两者并存,才能养育出坚强、自尊、自律,并且富有责任心的孩子。

温和与坚定并存,这条养育原则,无论家庭贫富如何,无论孩子性情如何,家长都可以做到,所以说这是一条普遍适用的法则。

有些家长会对这条原则有些误解:比如,孩子犯错时坚定,表现好的时候温和。这种理解不对。我们所讲的温和,是始终如一的,即便面对一个"犯错"的孩子。

或者,一个家长坚定,另外一个家长温和可不可以呢?这就是通常所说的一个唱红脸、一个唱白脸的教育方式。这种方式不利于孩子找到正确的行为坐标,并且使得孩子跟"严厉"一方会产生感情隔阂。所以也不值得提倡。

我们倡导的温和而坚定,是在整个家庭范围内,统一执行的原则。

为什么要做到温和?即便孩子犯了错,也应该保持心平气和吗?我给出的答案是肯定的。

第一,对于家长而言,只有在情绪冷静的时候,大脑才能做出理性的思考,对如何处理当前的挑战做出正确的判断。人在情绪化、愤怒的时候,做出来的决定多半是不可靠的。

第二,对孩子而言,只有在感觉好的时候,才能做得更好。这一点,大家回忆一下自己小时候,回想一下父母对待自己的方式,应该不难理解。

在我们的家庭课堂上,我通常会带大家做一个小游戏来说明这一点。

(1)请大家把手掌张开,我们可以假定,手腕代表我们的脖子,手掌到手腕的连接部分代表大脑里"脑干"部分,它主管身体的基本功能,比如呼吸、心跳、本能反应,这一部分也被称为原始脑、动物脑,因为从爬行动物到人类,都具备这一大脑组成。

（2）把大拇指折到手心，这时大拇指代表"中脑"，这是大脑储存情感、记忆的地方。

（3）请把另外四个手指头覆盖住大拇指，形成一个拳头，四个手指及外表层代表大脑皮质。皮质的后半部分（手背）用来接收感觉信号（听觉、视觉、触觉等），拳头的前半部分，是大脑用来思考的部分。四个手指最前面（接近指尖的部分），被称为"前额叶皮质"，前额叶皮质负责调节情感、情绪、人际关系、反应灵活性、直觉、自我意识、道德感。因此前额叶皮质也被称为理智脑、高级脑，代表了人类和动物最本质的区别。

（4）现在我们来看看，在你情绪失控的时候（比如你正在打电话，孩子冲过来抢走你的手机）你的反应是什么？你的拳头会松开，直接暴露你的手掌，这就意味着，你的前额叶皮质就没法工作了，你没有能力管理自己的情绪，不能处理人际关系，丧失了行为的灵活性。你的整个身体，被动物脑操纵，已经没有办法处理眼前的挑战了。

（5）所以，我们一定要想办法，让我们重新恢复理智，就好比让你的四个手指轻轻握住大拇指，重新形成一个完整的拳头。只有恢复理智了，才能更好地处理眼前的挑战。

关于坚定，可以从两个方面解读：第一，是不可逾越的底线。第二，是有限制的选择。

不可逾越的底线有两条：一是安全；二是尊重，尤其是对他人和环境的尊重。

把安全作为底线大家都容易理解，也容易做到，而尊重却不那么容易受到重视。

比如，在一个需要保持安静的公共场所，你的孩子跑来跑去，大声喧哗，虽然这种行为没有触及安全的底线，但是缺乏对环境、对他人的尊重，同样应该被禁止。

再举个例子,一位妈妈带 3 岁的孩子去公园,孩子想摘一朵花,这是一个不尊重环境的行为,但是妈妈觉得很难阻止,其实是因为从心底里没想真正阻止,如果孩子想摘的是一株毒刺,涉及孩子安全,家长能阻止得了吗? 当然能。所以,当你把"尊重"提升到与"安全"同等的位置,就很容易坚持。中国的孩子经常被批评教养差,很大程度是因为"尊重"做得不够好,缺乏对他人、对公共环境的尊重。

坚定的第二要点,是给孩子有限制的选择,即规矩与自由并存。怎样建立规矩呢?

首先,最好让孩子参与规矩的制定,孩子可以从参与过程中获得价值感。

其次,给孩子有限制的选择,这个选择是在尊重孩子、尊重自己、尊重环境的基础上给出的选择(这方面内容,会在后面的文章进一步解读)。

"不打不成才"的逻辑

一旦有人反对打骂孩子,就有另外一拨人出来反驳:不打不成才啊,很多成功人士小时候都挨过打的。成功人士挨打的事实是存在的。

当今中国最著名的"钢琴王子"朗朗,也有挨打的经历。有一次,朗朗放学回家晚了,耽误了练琴,进门就被父亲一顿狂揍,事实上朗朗迟到是因为学校有事,这打挨得好冤! 可是,已经成名的朗朗回忆起小时候的事情,却对父母没有怨恨,只有感激。

另一名小有成就的钢琴家也在电视节目里说:"我弹错一个音,烟灰缸就冲我飞过来。"

最典型的代表还是美国虎妈蔡美儿。2011 年初，这位耶鲁大学华裔教授出版的《虎妈战歌》一书，在美国和中国都引起极大的轰动，"虎妈"也因此成了对孩子严格教育的标签。四年过去了，在虎妈的"咆哮声"中长大的姐妹俩，都陆续被哈佛大学录取，并且自信、开朗、健康。

再说说咱们小时候吧，也没少被父母打吼骂，还不是照样长大？

写到这里，我感觉有人已经朝熊孩子抡起了巴掌，等等，请听我把故事讲完：

2001 年 7 月，一对 15 岁孪生姐妹因嫌父母管教过严，将剧毒鼠药拌进稀饭中，最终将亲生父母双双毒死家中。

2016 年 6 月，渠县高三毕业生小斯因不堪父亲的长期责骂而自杀。自杀前留下万言长书，在此摘录几段：

"小的时候我有一次因为一直吵着说要喝他带回来的花生牛奶，他当时心情不好，一巴掌把我鼻血都打出来了。"

"而且有的时候他的教育方式太过可笑——吃饭的时候，我说菜是苦的，他说不苦甜从哪里来，然后摆出一副说教的样子。"

同时，也有很多温和教养的成功案例。比如，在华人世界备受推崇的企业家李开复，他的成长经历是这样的："妈妈总是面带微笑，耐心地倾听儿子的诉说，仔细揣摩什么才是儿子真正需要的东西，而且她知道儿子内心深处潜藏的愿望，知道那愿望在未来的某一天里终将爆发出来，一点一点地引导儿子朝着那个方向走去。"（摘自《李开复和他的父母》）

正反案例都那么多，孩子究竟应该怎么养？

这是一个庞杂而深刻的话题，众多的科学家、心理学家、教育学家，把毕生的精力都投入这个领域的研究中，写出了一本又一本的皇皇巨著。

哥伦比亚心理学博士劳拉·马卡姆,给出了她最新的研究结论:通过一个简单的矩阵结构,展示了不同教养方式的区别。

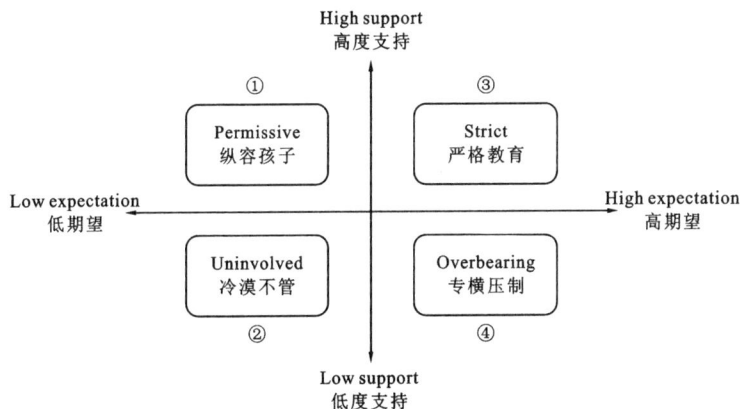

```
                    High support
                    高度支持
                         ↑
        ①                │                ③
  ┌──────────┐           │          ┌──────────┐
  │ Permissive│          │          │  Strict  │
  │  纵容孩子 │          │          │  严格教育 │
  └──────────┘           │          └──────────┘
Low expectation          │                    High expectation
低期望 ──────────────────┼──────────────────→ 高期望
                         │
  ┌──────────┐           │          ┌──────────┐
  │Uninvolved│           │          │Overbearing│
  │ 冷漠不管 │           │          │ 专横压制 │
  └──────────┘           │          └──────────┘
        ②                │                ④
                         ↓
                    Low support
                    低度支持
```

按照这个矩阵,根据家长对孩子的支持度和期望值,存在四类教育方式。

① 对孩子高度支持(精神和物质),但期望值低。对孩子不设限制不提要求,这是"纵容孩子"。

② 不给孩子支持,也不设期望,对孩子不管不顾。能阅读本书的,应该都不属于这一类。

③ 高度支持,高度期望,对孩子设置富有同理心的限制。这种方式被定义为"严格教育"。

④ 低度支持,高度期望,属于"想要马儿跑,又不给马儿吃草",这是过度严格的管教方式,也可以称之为"专横压制"。

鉴于每个孩子独有的禀赋和个性,同一种方式落在不同孩子身上,发挥的效果又有不同。

电视节目《最强大脑》里有一个记忆天才。有记者想探寻她的成才之路，专门去她老家探访，翻越几十里山路，记者找到了一栋简陋的瓦房，发现女孩父亲早已亡故，文盲母亲懵懵懂懂地接受采访："我没管过她，全凭她自己。"

所以有少部分天赋高、适应力强的孩子，在什么情况下都能成才，包括挨打。如果你不确定自己的孩子也属于这一类，最好用心教育自己的孩子。

通俗来讲，亲子关系，就像一个银行账户，父母对孩子的爱和支持，就像是存入；对孩子的需求或各种限制，就是支出。而打骂则是一种大额的支出。

严格教育，属于高投入高产出，教育成功概率更高。但严格过度也存在风险。

处于第三象限的"冷漠不管"，亲子账户余额为零，孩子的成长会出大问题。

有许多家长在①和④两种教育方式中摇摆不定，时而粗暴控制，时而娇纵放任，这两种教育方式都是有风险的，家长需要不时盘点一下自己的"账户"。

家长若偶尔打骂吼，假设存入的爱足够，也不一定会养育失败；一旦做到了心平气和，家长的账户余额将更丰厚，何乐而不为呢？

情绪管理始终不是一件容易的事。

古人云：立大志，得中志；立中志，得小志；立小志，则不得志。

我们倡导科学育儿、倡导不吼不骂，也不是所有人能完全做到，顶多让吼骂次数减少一些罢了。如果粗暴式教育被当成合理的方法加以推崇，可想而知，孩子们的命运会有多凄惨！

三条可以打孩子的理由

我曾听过一位育儿专家的讲座,讲座中提到了"打孩子"这个话题,专家论点是:可以打。为啥？专家摆出三个论点:

① 打孩子管教效果好。

② 孩子没那么脆弱,并不是个个都会有心理阴影。

③ 只在必要时动手,不要滥打无辜。

接下来,专家讲了很多"如何打孩子"的科学方法,看似有理,却很难把握尺度,估计大多数听众只抓住了一个要领——"可以打!"

讲座结束,家长群里弥漫着一股摩拳擦掌的气氛——"早就该打了!"

听到专家这个逻辑,我忽然想起一件事:老家有个亲戚,儿子刚上中学就开始学抽烟。假期里亲戚请我一起劝孩子戒烟。

我:抽烟对身体不好你不知道?

他:可是抽烟也能放松心情。

我:抽烟还可能致癌。

他:那么多人都抽了,哪里个个都得癌症?

我:抽烟容易上瘾,再戒就难了。

他:我也就偶尔才抽一支,不该抽的场合绝对不抽。

回头来看,这个"抽烟有理"跟"打孩子有理"的逻辑惊人相似:

① 抽烟放松身心效果好。

② 人类没那么脆弱,并不是个个都会得肺癌。

③ 只在必要的时候才抽,不该抽的时候就不抽。

所以,我挺想问问这位专家:如果您的孩子要抽烟,应该支持还是反对?

本质上,抽烟跟打人一样,都是一种伤害性的行为,人们潜意识里觉得不好,但还是控制不住,主要因为这些行为"疗效好,见效快":饭后一支烟,快活似神仙;给孩子一顿打,立马老实了。

不过越是"速效"的方法,往往埋藏的隐患越多。

美国心理学家简·尼尔森在她的《正面管教》中指出,惩罚(打骂)孩子会对孩子的心理造成以下后果:

① 自卑——"我是个坏孩子。"

② 偷偷摸摸——"下次绝不让他抓到。"

③ 报复——"现在他们赢了,以后我会扳回来。"

④ 反叛——"我偏要对着干!"

当然,也有很多挨打的孩子依旧健康成长,正如不是每个抽烟的人都得癌症一样。可既然明知这是一条有风险的路,何必坚持一条道走到黑呢?

除了抽烟,有很多健康的方式可以放松身心,运动、阅读、音乐都行。

除了打骂,有很多方法可以教育好孩子,只要你多用一点心。

著名的心理学家阿德勒认为:每个孩子都在追求归属感和价值感。

没有哪个孩子会自甘堕落,孩子的所谓"错误"行为,其实都是受年龄、心智水平所限的不当行为。

你若尊重孩子,让孩子积极参与决策,孩子便能自尊、自立。

你若有规则意识,并尽早对孩子的行为设限,孩子自然也会懂得规矩。

/ 温和而坚定地养儿育女——二胎妈妈正面管教践行记 /

教育是一门长久的学问,即使不看任何一本育儿书,也应该时时体会"以身作则,将心比心"。

回想一下自己成长的经历,那些挨打受骂的时光,你是什么心情?

"打人"和"抽烟"一样,其实也容易上瘾。

人类的思维是有惰性的,行为也有惯性。一旦你体验过"简单速效"的好处,你的底线就不断下降,久而久之,那些所谓的分寸、尺度、场合,都会忘到九霄云外。

刚开始尝试抽烟的人,一定不想被烟瘾束缚一生,但傻瓜都知道,抽烟容易上瘾。

第一次动手打孩子,你觉得是"迫不得已",然后下一次"迫不得已"会来得更快,直到打骂成为家常便饭。

如果你不想让孩子染上烟瘾,从孩子拿第一支烟开始,就应该坚决制止,不要听任何理由! 也不要再为打孩子找任何理由,从现在开始,坚决收手!

你尽管跟孩子赌气,反正输的是你自己

周六接到琪妈的电话,急慌慌地找孩子,我问她出了什么事。

"还不是跟他爸赌气!"琪妈痛诉原委。

周六琪爸带小琪上培训班,说好上完课就陪孩子去公园划船,结果路上堵车,琪爸就取消了划船项目,小琪一路上跟爸爸闹别扭,当汽车被堵在一个路口时,琪爸忍不住大吼:"你再不服气就给我滚下车! 自己走回家!"

小琪就直接打开车门,下车了。

琪爸大脑空白，又不方便停车，便自己开车回家，然后骑着车返回找儿子，结果没找到，全家人都急了，准备报警。

幸好天黑之前，孩子自己回来了，大家却都在深深地后怕。

小琪是我儿子的小伙伴，不到 8 岁。

他说原本不想回家，可是因为没带钱，肚子又很饿，不得已才往家的方向走。

如果小琪年龄再大些，有了更多力量，他还真有可能离家出走。

当孩子年弱无力的时候，有很多家长，惯用自己的成年人优势，来威逼、胁迫孩子服从。

孩子 3 岁时不肯快点走路，妈妈威胁："再不快点，妈妈就不要你了。"吓得孩子连哭带跑。

孩子 5 岁时不肯洗手，家长威胁："你若是不洗，就不给你吃东西。"害怕饿肚子的孩子立刻乖乖洗手。

孩子 7 岁时不好好学习，家长威胁："小心我揍你"，或者"学不好就给我滚"。大多数孩子依然忍辱负重地听从命令。

等孩子过了 10 岁，到了青春期，你再跟孩子赌气试试？

国外有位作家，从小在父亲的粗暴压制下成长，一度患上抑郁症，后来靠写作舒缓自己的内心。他在一本小说里写下这样的情景：

父亲对着儿子怒吼："你这个没用的东西，怎么不去死？"

儿子起身推开房门，默默走了出去，穿过小巷，绕过街道，走上一座桥梁，跳了下去，如父所愿，死了。

"当我写这一段时，全身有一种解脱般的快感！"这位作家接受采访时说。

有很多孩子,如同这位作家,对抗家长的勇气,只能写进小说里,或者留在幻想里。

然而现实里,有很多年轻的生命,真的是拿"死亡",跟自己的父母或家庭来对抗。

在百度搜索"中学生自杀",可以获得几百万条信息。北京大学青少年卫生研究所曾发布《中学生自杀现象调查分析报告》,结果显示每 5 个中学生中就有 1 人曾考虑过自杀,而为自杀做过计划的占 6.5％。

很多家长,最喜欢跟孩子赌气,他们以为凭自己的优势,一定可以赢过孩子。

的确,很多情况下家长似乎能"赢"。

孩子在面对生存资源被剥夺、肉体被伤害的威胁下,会忍辱负重乖乖服从。

你以为赢了孩子,其实孩子只是把愤怒吞进了肚子里。

有些孩子自己消化了"愤怒",变得很顺从,当他们面对外部世界的竞争,依然是习惯性的懦弱、顺从时,你又会恨孩子是"软骨头",总之你永远找不到内心的平静。

另一些孩子,则会在压抑里爆发,因为他们的骨子里自带反抗的基因。

一个不到 2 岁的宝宝,就懂得以哭闹、绝食反抗;

再大一点的孩子,就学会了以暴制暴;

更极端一些的,会选择离家出走,或者以命抵抗。

孩子成长的每一天,体内都在积累反抗你的力量,终有一天你会招架不住,输得一塌糊涂。

所以,那些爱跟孩子赌气的家长,永远都是人生的输家。

真正会做父母的人，从来不跟孩子争什么输赢，而是以友善、关心、尊重的态度，赢得孩子的尊重与合作。记住，是"赢得"，而不是"赢了"。

赢得孩子很难吗？

其实也简单。

孩子大脑里存在"镜像神经元"，你怎么对他，他就怎么对你。

你无条件地爱孩子，孩子就无条件地爱你。

你能给予孩子足够的尊重——尊重孩子的人格，尊重孩子的个性，尊重孩子在每一种特定环境下的心情。孩子自然也懂得尊重你。

当然尊重并不意味着放纵，因为尊重必须是全方位的——既要尊重孩子，也要尊重自己，还要尊重客观情形。

这就意味着，很多选择是多因素综合评估的结果，只能是"有限制的选择"。

这种"有限制的选择"，就是通常所说的规则或者行为界限。

在孩子成长的不同阶段，在面临生活中任何具体的难题时，家长需要给孩子设定好规则。当孩子年满4周岁以上时，就可以跟大人一起讨论制定规则。

具体回到"小琪下车"事件，琪爸若想赢得孩子的合作，只需按照以下四个步骤来做。

1. 理解并接纳孩子的感受

你取消了承诺给孩子的福利，无论有多少客观原因，对于孩子而言，都是很糟糕的一个决定，首先你要尊重孩子的感受，理解孩子的糟糕心情。

你应该温和地致歉:"今天不能带你去划船你一定感到很难过,我能理解你的心情,爸爸真的很抱歉。"

2.告诉孩子自己的感受

成年人的优势在于有更强的评估"客观情形"的能力。你需要把自己的感受,以及自己的评估过程告诉孩子。

"其实我也挺想去划船的。可是现在堵车,我计算了时间,如果现在带你去公园,可能划船项目已经停止售票了。"

"即使还能赶上划船,晚上回家也会很晚。"

"我担心你今天回家晚了,睡得很晚,明天早上起床会很痛苦。"

"爸爸回家太晚太累,明天早上上班也可能迟到。"

3.表达同情并不意味着妥协

理解孩子并不意味着一定要顺从孩子。对于破坏底线、破坏规则、不符合客观情形的事情,尽管拒绝会让孩子痛苦,家长也不能妥协。

你需要温和告诉孩子,基于……的原因,今天确实不能满足你。我很抱歉,但是改变不了这个决定。

4.让孩子专注于解决问题

"我们想想看,有没有别的办法能让你感觉好一些?"

"除了划船,世上还有哪些更开心的事?"

这时候,爸爸可以采用"好奇的提问"方式,鼓励孩子自己说出解决方案。比如:

吃一顿大餐,下周补上划船,爸爸支付违约金……

最终一定能找到一个家长能接受孩子也满意的方案。

很多时候,你感觉自己耗尽了耐心,依然平复不了孩子的情绪,除了威逼、发怒,你仍然有很多其他选择。比如,把车停在一个安全的地方,等待孩子平静下来。或者,你就保持沉默,允许孩子释放情绪。

短暂的回避、积极的暂停,都能息事宁人。

唯一需要排除的选项,就是跟孩子"针尖对麦芒"式地较劲、赌气,因为赌气会酿成更大的风暴,最后输的是自己。

为什么读了那么多育儿书,最后还是忍不住要吼?

有很多家长感慨:我用心读了那么多书,最后制服孩子还得靠吼。

我亦有类似的迷茫感受,并且就这个问题当面请教过美国心理学博士劳拉·马卡姆女士,她回答说:"育儿是一个漫长而艰辛的过程,你努力了,却依然会受挫,这时候,潜意识的'惰性'可能会使你放弃继续努力。"

"但是,吼骂绝对不好,这个研究结论已经非常明确。"劳拉博士强调说。

首先,许多实验证明,人在生气时,身体里会产生毒素,危害健康。

我曾听闻过很多关于"坏情绪危害健康"的报道,但以为离自己很远。

在儿子出生头几年,我经常抓狂生气。儿子3岁那年我参加单位常规体检,果然就查出一个肿瘤,还好确诊是良性。主治医生反复叮嘱我要放宽心态少生气,我还有什么理由不去改变呢?就算为了苟全性命!

最终进入情绪管理的自由王国,是两年后的事,这整个过程,就像学开车一样,是个循序渐进的过程。下面,我以学开车做比方,总结一下这个进阶的过程。

首先,想开车的人,必须是心智健全的人。很遗憾的是有一部分人,在自己情商还未发育健全时,就匆忙做了父母。这样的父母,是情商未成年的"巨婴",他们处理成人之间的关系都很困难,若再来处理跟一个孩子的关系,结果可想而知。而情商的提升,其实是从孩提时代就开始的一个漫长积累的过程,这个过程需要有充足的真实生活体验,也要有足够的阅读拓展心胸视野。对于这类父母,仅仅阅读育儿书是不够的,而应该从阅读经典名著、历史哲学、思想领域的著作,来完善自我、提升自我。

如果已经做好了"自己",接下来,就可以用心去学习如何做"父母"。

学开车首先要学交通规则,作为父母或准父母,掌握一定的儿童保健、心理、教育方面的理论知识是非常必要的。现在的问题是文章太多,不像开车,有国家统一制定的交通规则。如果妻子、丈夫、老人,各方获取信息渠道不同,也造成很多育儿分歧,引起家庭矛盾。在这方面,华川提供几点选择标准:

(1)选择有脑科学、心理学或者临床医学研究结论为依据的育儿书,不要选情感式、鸡汤式育儿书和文章。后者往往比前者读起来更上口,但深究起来缺乏逻辑依据。

(2)参考由众多实验样本得出的研究结论,不要轻信个案式的成功。许多流行的育儿书,通篇论述着某位父母,如何"成功"地把自己的孩子,通常是唯一的孩子,送进名校。读这些书容易一叶障目。

(3)不要选太旧太过时的育儿书。因为人类科学发展很快,很多过去奉为经典的理论又不断被新的研究成果推翻。另外,当代父母和孩子所遇到的挑战，也是前一代人不曾经历过的。不过，有些经典育儿专著，每隔几年会修订出新的版本，补充新的研究成果，剔除过时的方法言论。这些书仍然值得一读。

最后，提供一则更简单的选择技巧：看作者简介，符合两点，他(她)的书或文章就值得一读。① 作者是教育、心理、脑科学、临床医学等相关行业的从业者或者专家学者；② 作者本人亲自养育过孩子。

实践出真知，光学不练也不行。

没有谁学完交通规则就能开车。即便你将所有育儿知识熟记于心，也不能代表你就是一名合格的家长。理论成果的得出讲的是"概率"和"相关性"，每个孩子都是独一无二的个体，谁也不能保证你的孩子是落在"大概率"里的普通孩子，还是落在"小概率"里的特殊孩子(并不一定是坏事)，你只能在实践中真正认识自己的孩子。比如，针对孩子爱哭的问题，书上会给出很多解决办法。但只有亲自抚养孩子的家长，才知道孩子"哭"的前因后果、环境背景，才知道该从众多理论方法中选择哪一种去解决、应对。

父母快速成长的最后一种方法，就是进行专业培训。

还是拿学车来比喻。有些人学了交通规则就买车上路，边开边摸索，结果事故不断、危险重重。这时候，你应该选择一所专业驾校，由老司机作指导、陪练。等技能纯熟了，再自己上路。

许多家长，愿意投资巨大的财力、精力送孩子上培优班，愿意倾尽所有为孩子买学区房，但是很少想到投资去培训自己、提升自己。在所有的教育投资里，家长自我教育投资，是成本最低、回报最大、收效最长远的投资。因为无数事实说明：好的家长胜过好的老师，一个不尖叫、不吼骂、不主观判断的家，就是孩子最好的学校。

第二章　怎样做到温和？

【理解孩子】

破解孩子"犯错"的行为密码

心理学家阿德勒认为,孩子所有的错误行为,背后隐藏的动机都是在寻求归属感和价值感。

一个行为不当的孩子,其实是一个缺乏归属感、缺乏自信的孩子。当孩子在寻求归属感和价值感的过程中,由于认知能力有限,有时会采取一些错误的行为方式。作为家长,我们需要透过孩子的行为表象,发掘孩子隐藏的动机,再确定合理的管教方式。

如何透过现象了解本质呢?给大家展示一张图片,这张图是正面管教最重要的工具之一,叫孩子的错误行为目的表,这是心理学家鲁道夫·德克雷斯的研究成果:揭示孩子行为动机的第一线索,正是家长自身的情感反应。

这一点大家可能不是那么容易理解。一般人会说,想知道孩子的行为动机,直接去问孩子不就可以了吗?事实不是这样的,孩子由于认知能力、表达能力所限,大多数情况下并不能说清自己的潜意识里的行为目的。

线索:家长的感受		孩子的行为目的
心烦、着急、恼怒、愧疚	⇒	寻求过度关注
被威胁、被挑战、被击败	⇒	寻求权利(我说了算)
受伤害、失望、难以置信、憎恶	⇒	报复(以牙还牙)
绝望、无助、无能为力	⇒	自暴自弃(放弃自己)

所以心理学家们做了大量的研究,最后表明,揭示孩子潜意识行为目的的方式,正是家长自己的感受。当家长对孩子的行为感到"心烦、着急、恼怒、愧疚"时,孩子的行为目的是"寻求过度关注"。当家长的感受是"被威胁、被挑战、被击败"时,孩子的行为目的是"寻求权利",要"我说了算"。当家长感觉到"受伤害、失望、难以置信、憎恶"时,孩子的行为目的是"报复"。当家长的感受是"绝望、无助、无能为力"时,孩子的行为目的是"自暴自弃"。

许多家长在描述自己对孩子错误行为的情感反应时,总是用"愤怒""沮丧"这两个词。这两种情绪其实是对最初感觉的第二回应。你应该再问一问自己:"我愤怒或沮丧的原因是什么?是我的家长权威被挑战了?还是我感觉对孩子无能为力?我被打搅得心烦了?"然后对照孩子的行为目的表,看看符合哪一条。

下面,举几个具体的例子:

许多二胎家庭,在二宝刚出生的两三个月内,会发现大宝有很多行为倒退的现象,比如,明明已经学会独自入睡了,现在却要妈妈陪睡,不陪睡就会尿床,还有很多其他莫名其妙的哭闹、无理取闹的行为。面对这种情形,妈妈的第一感受肯定是"心烦、着急"。那我们以这种感受去对照孩子的错误行为目的表,就能发现孩子的行为动机是"寻求关注或过度关注"。

如果家长没有看懂孩子的行为目的,很可能会粗暴地批评、责罚孩子,怪大宝不懂事,结果是大宝的"不良行为"变本加厉。

因此,我们应该在理智失控之前,先思考一下孩子的行为动机。

如"孩子四种错误行为目的表"里面所揭示的,孩子的行为动机是"寻求过度关注"。

孩子从以往的行为经验里,得到了一个错误观念:唯有得到特别关注,我才有归属感;唯有让父母为我忙得团团转,我才是重要的。

家长要做的,是通过实际行动,让孩子找回归属感和价值感。

家长具体该怎么做呢? 可以分三步。

(1)拥抱大宝、陪伴大宝,明确告诉大宝"妈妈爱你"。

(大宝获得的信念:妈妈依然爱我。孩子重新找到归属感。)

(2)给大宝安排一个照顾小宝的任务,如递奶瓶、丢纸尿裤等。

(大宝的信念:大家需要我帮忙,我很重要。孩子就找到了价值感。)

(3)跟大宝制定一个规则,约定特别的陪伴时光,比如周末下午、睡前十五分钟。

(当孩子获得了归属感和价值感之后,就更愿意信任规则、遵守规则。)

下面,我再为大家讲解一个关于"权利斗争和报复"的案例。

这是我在做家庭教育咨询时的一个案例:4岁的女孩璐璐晚上洗澡时拖延时间,在澡盆里玩泡泡,玩了很久也不肯出来,璐璐妈妈催了好几遍,璐璐就是不听话,还大声嚷嚷:"我没玩够,我就是不出来!"还把水洒得到处都是。眼看时间不早了,璐璐妈妈就着急上火了,强行把孩子抱出来,还打了璐璐屁股两下。璐璐哭了很久,上床睡觉时,也不要妈妈讲故事了,大声让妈妈走开,还说世界上最讨厌的人就是妈妈。璐璐妈妈听女儿说这种话,感到非常伤心。

下面,我来运用"孩子的错误行为目的表"分析一下这个小故事。

我们可以把这件事拆分成两段来分析。

第一个场景是洗澡风波,璐璐不听妈妈的话,坚持要玩泡泡。妈妈感觉孩子不服从命令,自己的权威受到了挑战。我们对照"错误行为目的表"看一下,孩子的行为目的是想"寻求权利",寻求自己多玩一会泡泡的权利,寻求自己做主的权利。

面对孩子的权利之争,妈妈可以有这样几种做法:

第一步,提供有限制的选择,满足孩子一部分权利。比如,妈妈可以说:我知道你很喜欢玩泡泡,但是今天时间太晚了。你可以选择再玩5分钟,然后妈妈就能陪你上床讲1个故事。或者立刻出来,妈妈就给你讲两个故事(故事名字报出来)。同时承诺孩子,如果明天你肯早点洗澡,就可以多玩一会儿。

这种方法对于一部分孩子是管用的。如果不管用,可以采取第二步:通过要求孩子的帮助,将权利斗争变为合作。妈妈可以说:"妈妈一个人铺不好床单,你能上床帮我一下吗?咱们把乱糟糟的床单变成长方形好不好?"

如果孩子始终不肯合作。又没有多余的时间,妈妈可以坚定地把孩子抱出来,但是态度始终要保持温和,更不要打孩子。妈

/温和而坚定地养儿育女——二胎妈妈正面管教践行记/

妈可以说："对不起宝贝,我知道你没玩够,但是时间来不及了,妈妈必须得让你出来了。"然后把孩子抱出来。孩子可能也会闹一会,但是当你温和地执行强制性动作时,孩子的情绪很快会消散,不会留下什么后遗症。

同样是坚定地抱孩子出来,如果像璐璐妈妈,又打又骂,对于亲子关系的伤害就大了。

要根本性地解决这种权利之争,应该找个时间跟孩子一起商量制定一个日常惯例表,把每天洗澡的时间和规矩都制定好。注意,规矩制定的过程中,也要尊重孩子的一些需求,比如,每次洗完澡可以玩 5 分钟的泡泡。有了规矩,才能使孩子养成良好的习惯,根本性地解决类似问题。

咱们再来看故事的后半段,妈妈打了璐璐,璐璐说世上最讨厌的人就是妈妈。妈妈感觉很伤心。我们对照"孩子的错误行为目的表",可以发现孩子的目的是想"报复"。一个让人伤心的孩子,是因为自己伤了心。

面对孩子的报复,妈妈首先要修复感情,抚慰孩子的心,具体可以这么做:

第一,倾听孩子的感受,为自己给孩子造成的痛苦道歉。这时候,妈妈温和地给孩子一个拥抱,会有神奇的效果。尽管孩子表面上看起来排斥妈妈,其实这个时候,孩子内心深处最需要妈妈的拥抱。

第二,做出弥补。妈妈应该为自己的不当行为做出弥补,孩子同样需要。比如,妈妈在拥抱孩子的同时,帮孩子揉揉挨打的地方,并向孩子保证以后再不打孩子。同时,对于孩子玩水弄湿的地板,可以陪孩子一起收拾。

最后,分析一下如果孩子让你感到"绝望、无助"时,你该怎么做。对照"错误行为目的表",孩子其实是无能为力,放弃了自己。

面对这样的孩子,家长一方面要鼓励孩子树立信心,另一方面要切切实实教孩子一些技能,辅助孩子完成任务。很多时候,这个技能就是分解任务,让孩子先实现小目标,往前迈进一点点。

在华川家庭课堂上,有位家长反映,孩子所在幼儿园安排一项作业,画一头大象。孩子说不会画,妈妈便找来一张大象的图片,孩子看了半天,还是说不会,并且烦躁地扔掉了画笔。妈妈感到很绝望。该怎么解决呢?

这时候需要妈妈放下手中的事,陪在孩子身边,教会孩子从哪里开始。

"我们不画大象了,先画大象的耳朵吧。"

"你看看这个耳朵,像不像一把小扇子?"

妈妈跟孩子演示大象耳朵的画法,孩子试着模仿画了一下。

"对,很不错,就是这样画的。"

当孩子有一点行动时,家长立即给予鼓励,让孩子找回信心。

"好了,宝宝已经画好耳朵了,咱们再看大象的脑袋,其实也不难。"

当一头大象被分解成很多小的图形时,在孩子眼里就不那么难了。这种化繁为简的思维方式,最早需要家长引导,带着孩子慢慢训练。直到有一天,孩子面对同样的任务时,也能自己去分解,一步一步慢慢解决。

孩子说"不",可能是恐惧

在正式送女儿上幼儿园之前,我给她报了个亲子班,就是和许多小朋友一起,由老师带着讲故事、做游戏。女儿起初很喜欢,每周都开心地去。

然而有一周,女儿说不想去,我想了很多办法来说服:

"可是妈妈好想去哟,那里太好玩了,你能陪妈妈去吗?"

"楠楠说很想你,她要是看不见你可能会哭的。"

"你昨天画的那幅画太棒了,要不要带去给小朋友看看呀?"

女儿被我说动了,勉强答应去。我带着她进了接待厅,女儿忽然又神经质般地抗拒,怎么也不肯进教室。这时老师出来,说孩子适应一段时间就好了,然后打算强行抱走,女儿激烈挣扎,大声哭叫着:"我不去! 妈妈别走!"——我从未见过她如此痛苦地抗拒,凭着本能,我拒绝了老师,抱回了孩子。

可我仍然百思不得其解,老师和教室都没有变,为何女儿性情大变? 究竟是发生了什么?

我仔细问孩子,她哭哭啼啼的,一会儿说"有大灰狼",一会儿又说"教室里有火"。我把孩子交给爸爸,单独去找老师沟通,并再次查看了教室环境。果然,老师说有一次游戏就是带着孩子们玩"消防救火"。

回到车上,我跟川爸说女儿怕火的事,川爸又提起另一件事:不久前看电视新闻,里面播放了一段火灾现场,非常惨烈,女儿吓得大叫,要爸爸关掉电视。

我恍然大悟。原来女儿的抗拒,真的不是任性,而是因为恐惧。火光、爆炸、死伤、惨叫,这些恐怖景象绝不是一个 3 岁孩子的稚弱心灵能够承受的,怪不得她吓得瑟瑟发抖。

我给女儿暂停了两周的课,通过绘本、游戏等多种方式,告诉她电视新闻、童话故事与现实生活的区别,并带她去参观了一些消防栓和灭火器,讲授了很多消防知识,她才终于肯重新回到教室。

育儿之路,最令家长头痛的,就是孩子哭着闹着跟你说"不"!

"我不要刷牙!"

"我不要剪头发!"

"我不要上幼儿园!"

"我不要离开妈妈!"

孩子每一次抗拒,都是有原因的。原因可能是孩子不习惯、不适应,还可能是因为"恐惧"。

恐惧,是人类自带基因。事实上,在人类漫长的进化过程中,正是"恐惧基因"使得人类本能地远离危险,延长寿命。因此有专家认为:越恐惧的孩子,越容易生存。

儿子在 2 岁多时,曾非常抗拒洗头。每次带他去洗澡,他就苦苦哀求:"妈妈,可不可以不洗头哇?"如果我说不能,他就赶紧逃走,即便被强行抱进澡盆,也是哭得一塌糊涂。

"这孩子不爱干净……这孩子脾气倔。"这是我当初的反应。多年以后,我从一位心理学家的书上看到:许多孩子,对于"水"都有本能的恐惧。尤其是当水流到他的鼻孔或嘴巴里,他就以为自己快要被淹死。无论大人觉得这种想法多么可笑,对于一个两三岁的孩子而言,这种恐惧是实实在在的。

儿子有一个同龄伙伴晨晨,一直抗拒使用马桶。虽然幼儿园有儿童专用小马桶,晨晨还是坚持只用自己的便盆。后来他妈妈跟我说了一件啼笑皆非的事:某天半夜晨晨要尿尿,晨爸抱着孩子去大人马桶上把,可能睡得太迷糊,失手让儿子掉进了马桶。虽然孩子没受多大伤,可是此后孩子看见马桶就恐惧,担心自己会掉进去。

总之,对于一个几岁的孩子,他的生活体验极其有限,恐惧真的是无所不在。

家长究竟该怎么做?

不能强迫,但是也不能由着孩子不刷牙、不洗澡、不上幼儿园,对吧?

一定有一些方法,可以让孩子战胜恐惧,慢慢适应他不喜欢的事情。这些方法听起来可能大费周折,但是总比以上两种极端的选择要好。

一、让孩子表达出自己的恐惧

对于两三岁,甚至 5 岁以下的孩子,清楚表达内心的真实想法都不是件容易的事。最好在孩子心情好的时候,耐心地去询问,如果始终问不出蛛丝马迹,可能需要角色"代入",替孩子把恐惧说出来。

"水流进我的鼻子里,好难受啊,我也不喜欢。"

"你给妈妈刷牙试试,哎哟,我好害怕你把我戳痛。"

"我也害怕着火,如果遇到火灾,咱们赶紧逃走……"

当孩子看见爸爸妈妈还原了自己的行为,也会恍然大悟:"原来我是因为这个害怕,原来大人们也会害怕"——一旦孩子对自己的感受有了认同和接纳,焦虑和自卑感就会得到缓解。

二、以游戏的方式,演习"恐怖"的场景

儿子 2 岁多时,我给他买了小便盆,刚开始他拿着当玩具还挺高兴,但要让他蹲上去排便时,却是拼死不同意。为了消除他对这个新东西的恐惧感,我经常给他表演蹲在便盆上拉臭臭。我说:"宝宝,妈妈肚子不舒服,想拉臭臭了。"然后飞快坐到便盆上,假装使劲,5 分钟后,"我终于拉完了",很满足、很开心地站起身。在表演几十个场次以后,终于有一天,儿子表示也想试试。

害怕刷牙的孩子,给他一把小牙刷,让孩子给洋娃娃刷牙,给爸爸刷牙,给妈妈刷牙,被他刷过的人会害怕,会哭吗?孩子体验过就明白了。

让孩子适应莲蓬头洗澡，也是一道难关。为此宝爸专门演习了一番，他把水喷到脸上，先假装难受地大喊大叫，忽然又一抹脸，坏笑着对儿子说："哈哈，我没事儿！"

最恐怖的永远是想象中的、无法预知的事情。因此让孩子正视他"想象中"的恐怖场景，也看到"最坏的结局"（其实不那么可怕），孩子的恐惧感就会减弱，直至消失。

三、循序渐进，鼓励孩子每一点小进步

你尝试了很多方法，还是没有效果，那就耐心等待吧！孩子需要时间成长，恐惧需要时间来遗忘。但是在等待的过程中，我们还是不要放弃努力，或许在不经意的某一刻，孩子的顽固就有了"松动"，家长就可以趁热打铁，给予鼓励和褒奖。

不爱洗头发的孩子，可以先试着用湿毛巾给孩子擦洗，第二次可让毛巾更"湿"一些，有一些水流到孩子脸上，孩子没哭，就给孩子一个亲吻，夸赞他的勇敢。

不爱刷牙的孩子，在某一次游戏之后，愿意让妈妈刷一下，然后是两下、三下，每延长一点点刷牙的时间，妈妈都该给予一个大大的拥抱！

抗拒马桶的孩子，暂时先让他穿纸尿裤，然后每隔一段时间，提醒孩子是不是要便便了，要不要喂小鸭子(很多便盆都是动物造型)吃饭。先鼓励孩子在马桶上坐一坐。孩子刚洗完澡，再鼓励他光着屁股在小马桶上蹲一会儿，孩子肯蹲下去，就值得你鼓掌。

总之，对于一件新鲜事物，不同孩子的适应过程是不一样的，短则几个礼拜，多则大半年，如果你急切强迫孩子就范，只会加深孩子的恐惧，让这个适应期拖得更长，孩子也更痛苦。

耐心引导，相信孩子早晚能够学会或者适应，这世上没有永远不肯洗头、不肯刷牙的孩子，也没有永远不肯离开妈妈的孩子，对不对？

怎样听懂孩子的话？

很早以前曾读过一个虐心的故事:一个单亲爸爸深夜下班回家,疲惫不堪地揭开被子想入睡时,却发现被子里裹着一碗方便面,汤汤水水弄湿了被子,爸爸气愤地把已经熟睡的儿子弄醒,问他:"面是不是你放到被子里的?"儿子迷迷糊糊地说:"是的。"爸爸劈头盖脸地对孩子一顿猛揍,等打累了歇下来,儿子才哽咽着说出实情:"方便面是我给你泡的,怕你下班太晚面会凉了,所以才用被子捂着……"爸爸痛悔不已。我也分外心疼:这个爸爸太缺乏耐心了,为什么不等孩子把话说完?

然而,等自己有了孩子,我才发现,跟孩子讲话,或者要听懂孩子所说的话,并不是只需要"耐心"那么简单。

我劝孩子不要乱扔东西,结果越说越扔。

2岁的女儿遇见另一个小朋友带着跟她一样的帽子,着急地大叫:"我的帽子! 我的帽子!"无论我怎样耐心解释,她还是想不通为什么自己的帽子会在别人头上。

儿子经常对我说:"妈妈,我要永远跟你住在一起。"我很感动,拿这个话题试探2岁多的女儿:"妞宝儿,爸爸妈妈老了,跟你一起住好吗?"女儿却直摇头说"不行。"

我很失望,于是故意搂着儿子说:"哥哥才是我的小棉袄,等我老了就跟着哥哥住了。"

女儿伤心地快要哭出来:"我不想让爸爸妈妈变老,我也要一直跟爸爸妈妈在一起。"

原来,女儿不想接受的只是爸妈变老的事实。

瑞士儿童心理学家皮亚杰早在 1923 年就出版了《儿童的语言和思维》,在这本书中,皮亚杰运用他所独创的"临床法"进行观察和研究,发现儿童的语言和思维与成人有着质的区别,而不是像以前人们所认为的那样仅仅是在知识和见识方面存在量的差别。

总之,把儿童看成是"小大人"的观点是错误的。成人按照自己的成熟思维表达的语言,孩子可能不能全听懂;孩子对成人说的话,也不一定是成人理解的那个意思。孩子在学习语言时,"听"与"说"两方面并不是同步发展的。

有专家对学龄前儿童的语言与思维进行过研究,发现这样一些规律:

1. 单词句阶段(1～1.5 岁)

(1)儿童能主动说出有一定意义的词;

(2)儿童对词语的理解往往和固定的物体,甚至同某种背景固定起来;

(3)儿童喜欢说重叠的字。

2. 双词语阶段(1.5～2 岁)

(1)儿童一词多义;

(2)一岁半后,儿童能说"电报句";

(3)有时缺字漏字,句子不完整,顺序颠倒;

(4)先出现名词,还有少许动词,再是形容词;

(5)早期掌握的词汇是不分词性的,如"汪汪、小白兔、叔叔"。

3. 完整句阶段(2～3 岁)

(1)儿童开始会说一些复合句,终止婴儿语。

(2)2 岁开始,儿童能把过去的经验表达出来。儿童开始理解事物之间的因果关系,并用语言表达出来。

(3)两三岁儿童的词汇增长速度非常迅速,学习新词的积极性很高。

4.词汇数量迅速增长(3~7岁)

(1)词汇数量增长很快,7岁是3岁时的4倍;

(2)对词本身的内容、意义理解更深、更有概括性;

(3)实词—虚词,具体词—抽象词;

(4)积极词汇与消极词汇。

总结起来,跟孩子交流,应注意以下几个特点。

(1)儿童最初的句子不仅单调,而且不完整,常常漏掉或缺少一些句子成分。

比如,"宝宝,尿尿""球球,坐坐"。朝夕相处的家长容易听懂,而不常相伴的亲人,比如常出差的爸爸,对于这些"婴儿语",需要人帮忙翻译。

(2)儿童对于成人语言的理解,通常是局部的。

有时候,孩子只听进了后半句。所以当你对一个2岁左右的孩子说:"不要乱扔东西。"孩子的大脑接收到的信号就是"乱扔东西",所以你越说他越扔。如果换成正面表达:"我们把东西放好",效果就会好得多。

有时候,孩子的耳朵只接收前半句,或者中间某个让他敏感的词。

我问女儿:"爸爸妈妈老了想跟你一起住好吗?"女儿的耳朵首先接收到了"老了"这个词。

我正在劝说孩子完成作业,老人过来插话:"乖孙子,做完作业我带你去买冰激凌。"孩子的听觉神经被"冰激凌"三字激活,围绕着冰激凌跟大人讨论了十分钟,"作业"两字完全没有接收到。

所以,必须换一个说法:"你完成这件任务会有惊喜。""什么惊喜?"——"等你完成了我再告诉你。"

(3)一些学龄前的儿童,经常对一些结构复杂的句子,还不能理解。

不要对孩子说一些复杂的句式,比如被动语态:"小玲跑太快结果被小楠撞倒了。"换个说法孩子能理解得更好:"小楠撞了小玲,小玲摔倒了。"

尽量别使用双重否定句,比如:"没有哪个小朋友可以一直不吃蔬菜。"换个说法:"小朋友都爱吃蔬菜。"这样孩子能理解得更好。

(4)不要跟一个单纯的孩子说一些带有隐藏内涵的句子。

比如,那位深夜回家的单亲爸爸,发现面汤洒到被窝以后,找孩子兴师问罪,而孩子完全不知内涵,所以只做了简单的肯定回答。如果爸爸问孩子时把自己的愤怒原因先说出来,孩子可能会给一个更全面的回答:"对不起,爸爸,我以为方便面放到被窝里能保温,所以才那样做的。"

(5)不要对孩子一次性下达太多指令,孩子的大脑运转不过来。

对于一个两三岁的,刚会表达的孩子下达任务,最好是单指令模式,譬如:"宝宝,请把香蕉皮扔进垃圾桶。""很好,谢谢,请再帮妈妈把刷子递过来。"

我儿子刚上小学时,某天放学回家,爸爸一股脑地给出一串指令:"赶紧换鞋脱衣服洗手,吃了饭爸爸陪你做手工。"儿子呆鹅似的愣了2分钟,直奔他的房间找手工材料,既没换鞋也没脱衣服洗手。

如果你对孩子下达任务他不听,很可能跟我儿子一样,脑袋还是单线程工作模式,任务一多,他就懵了。

总之,养育孩子是一门学问,言谈举止,处处都要留心。

别跟一个两三岁的孩子较劲

一向温顺乖巧的小宝宝,到了2周岁,脾气忽然变得暴躁、行事乖张,奇怪吗? 一点儿也不。我儿子的2周岁过去很多年,当年的电光火石犹在眼前;女儿刚到2周岁时,也开始上演他哥当年的拿手好戏。找我咨询育儿之道的焦虑妈妈们,家里的熊孩子很多也是两三岁。下面就专门说说奇妙的"两三岁"。

本文借鉴了日本儿科专家松田道雄和美国育儿大师斯波克的诸多观点,经我家两娃一一验证,真实可信。

2周岁,是孩子发育的一个小里程碑。在这个时期,宝宝开始认识自我,并且开始学习如何做一个独立的人。这是一个语言表达能力和想象力出现突破性进步的时期。但是,他对这个世界的认识毕竟还十分有限,又存在极强的不安全感。

因此,2周岁的孩子生活在矛盾之中。他们既独立又依赖,既可爱又可恶,既慷慨又自私,既成熟又幼稚。他们一只脚踩在温暖安逸、充满依赖的过去,另一只脚已迈进了独立自主、充满发现的未来。

总结下来,有以下特点:

一、勤于模仿,认知能力飞速发展

2岁的宝宝每天都在挑战自己,最直接的方式就是通过模仿进行学习。

从医院回来,女儿把爸爸的耳机当成听诊器,认认真真地把"探头"放在自己胸前的各个部位,然后把另一端插进耳朵里,当然她什么也听不到,所以就做出困惑的表情。

儿子 2 岁多时,处处围着大人转,我擦桌子,他擦桌子;我扫地,他也抢着扫把扫地。所以,我家的扫把、马桶刷,各种洁具都备有双份。通过不断地模仿,孩子的技能和理解力都在不断地进步之中。

孩子最爱模仿父母的行为方式。比如说,当父母对别人彬彬有礼的时候,2 岁大的孩子也会从中学习到礼貌。父母教 2 岁大的孩子说"请""谢谢你"之类的礼貌用语并非不可以,但是有一种更为有效的办法就是,让他听到父母在恰当的情景下使用这些语句(虽然不能指望立竿见影,但是到了宝宝四五岁的时候,父母在礼貌方面的早期投入就一定会见效)。

同样道理,孩子如果经常听到自己的父母使用伤害性或者威胁性的语言,往往就会形成令人反感的类似行为习惯。这并不是说,父母绝不能互相争论或者表达不同的意见。然而,即便孩子只是旁观者,频繁的争吵对他们的成长也是有害的。

二、自娱自乐,不懂分享

两三岁的孩子不怎么在一起玩。虽然他们喜欢看着彼此玩耍,但是在大多数情况下,他们都喜欢自己玩自己的。这种现象被称为"平行游戏"。

你没有必要去教一个 2 岁的孩子学会分享,因为他还没有做好准备。要跟别人分享,孩子必须先弄明白一件东西是属于他的,他才会把它送出去,并且希望能够拿回来。孩子在 2 岁时是否懂得与别人分享,与他长大后能否成为一个慷慨的人没有任何关系。虽然他还不懂为什么自己从小伙伴那里抢玩具时,你会认为他不对,但这并不表示你必须接受孩子的不良行为。你可以坚决而又愉快地把玩具拿走,还给原来的主人,同时马上用另一个有趣的东西来分散他的注意力。如果你为了让他懂得为什么要"分享",从而对他长时间地说教,那实际上是在浪费口舌。只有等他明白了"分享"的概念以后,他才能跟别人分享一些东西。

三、常有的分离焦虑

到了 2 岁的时候,只有极少数孩子摆脱了对父母的时刻依赖,大部分孩子还是经常黏在父母身边。

2 岁大的孩子似乎能够很清醒地意识到谁能给他安全感,而且会用不同的方式来表现这一点。

我每次离开家门,都要趁女儿不注意,偷偷换衣穿鞋。有一次正在穿大衣时被女儿发现了,她便死死拽住我的衣角不让我出门。

到了晚上睡觉时,女儿对我更加依恋。我经常放下手头的事情,陪伴她入睡以后再起床工作。

如果你 2 岁的宝宝害怕独自睡觉,那么最可靠的方法就是:放松地坐在他的小床边,或者陪着他,一直到他睡着为止。在他入睡以前,不要急于悄悄地离开。那样会再一次引起他的警觉,从而使他更难入睡。

对于一个处在分离焦虑期的孩子来说,即使已经被耗得筋疲力尽了,他也能继续坚持几个小时不睡。所以,你必须先消除他的忧虑。

如果孩子由于你或者你的伴侣出远门而受到过惊吓,那么在几周之内就尽量不要再次外出。如果你是在孩子出生后第一次外出工作,那么每天出门时就要亲切地跟孩子说"再见",还要表现得愉快而又自信。

如果母亲脸上带着一种苦恼的表情,好像不知道是不是应该出去工作似的,那就会加重孩子焦虑不安的心情。

父母首先应该尽力陪伴,安慰焦虑的孩子,但是,父母一定要尽力表现出愉快、自信和无所谓的样子,一旦发现孩子有依赖减轻的迹象,就应给予他鼓励和称赞。

父母的这种态度对消除孩子的恐惧感是最强有力的帮助。随着孩子的不断成熟,再加上父母的这种态度,孩子就能更好地理解和消除恐惧感。

四、脾气达到高峰

几乎每个 2 岁大的孩子都会不时耍些脾气,一些身体健康的孩子更是经常这样。孩子一般都是从 1 岁左右开始发脾气,在 2～3 岁时达到高峰。

这种情况有许多原因:挫败感、疲劳、饥饿、愤怒或者恐惧。那些情绪紧张、生性叛逆而又对变化敏感的孩子相对而言更容易发脾气。有时候,父母能感觉到孩子激烈的情绪,所以能通过分散孩子的注意力来缓解这种情绪,比如在适当的时候给他一块点心,或者离开过于刺激的环境。

有时候,孩子的脾气会突然爆发,你唯一能做的就是等待这阵暴风雨自己停息。

同时应该注意,最好不要跟你的孩子动怒,不要威胁着要惩罚他,或者恳求他安静下来,更不要为了改变事态而操之过急。这些举动只能让孩子更频繁地发脾气,持续的时间也会更长。等事情平息以后,最好把注意力转移到一个积极的活动上,把所有的不快都抛到脑后。像"你可以不哭鼻子了,真不错"之类及时的表扬,能够帮助孩子恢复自尊,还能帮助孩子在下次发脾气的时候学会尽快恢复常态。

许多哺乳动物的幼崽都会在需要关心和食物的时候喊叫(想想那些小狗崽),所以孩子的哭喊是很正常的,也是很普遍的,但它还是让人备感心烦。面对低龄小宝贝的哭喊,最重要的是要弄清楚他们到底需要什么。

但是，一旦孩子能够说话了，就要坚持让他尽量说话。要坚定而又认真地对他说："好好说话，哭是没有用的。"这种方法总会有奏效的一天，虽然你可能要一连几个月重复这种话。

记住，如果孩子的行为触犯了安全、尊重的底线，做父母的无论如何也不能屈服。

五、善于嫉妒

儿子2岁多时，一旦见他爸挨我太近，就会像猎豹一样冲撞过来。按照美国教育研究，嫉妒也是这个年龄段孩子的正常情商发育。两三岁的孩子不但对别人的控制特别敏感，而且自己想命令别人。

其实，父亲不应该把孩子的这种反应太当真，也不该因为难过而疏远孩子。如果他能经常独自照顾孩子，除了做一些日常琐事——比如，喂他吃饭和给他洗澡之外，还能和孩子一起做有趣的游戏，那么，孩子就会逐渐把父亲看成一个风趣而又充满爱心的重要人物，而不是一个"入侵者"。即使父亲刚开始接替母亲的时候遭到了孩子的拒绝，父亲也应该高兴而又坚决地继续照顾孩子，母亲也应该以同样的态度，欣然而又坚定地把孩子交给父亲，然后离开。这样的轮换可以让父母双方都有时间跟孩子一对一地独处。但是，哪怕孩子表现得十分不合作，全家共处的时间也是很重要的。另外，有必要让孩子（特别是第一个孩子）知道，父母是相爱的，愿意待在一起。

对于2岁多的孩子，很多"任性"的行为只是他们探索世界的方式，在不违背底线的前提下，父母不要做太多的干涉，而且，如果可能的话，要让孩子按照自己的速度去做事。

当你的孩子特别想自己穿衣服或者脱衣服的时候，那就让他自己动手。

洗澡的时候，要给他留出充足的时间，让他在澡盆里玩水。

吃饭的时候,鼓励他自己吃,而且不要催促他。

到了该睡觉、外出散步或者回家的时候,要用有趣的东西转移他的注意力,从而让他顺应父母的安排。

不要因为一件小事惹他生气。

但是,当父母制定了一些坚决、持久而又合理的规矩的时候,2岁左右的孩子可以表现得更好。关键是要仔细地选择这些规矩的内容。如果发现自己对孩子说"不行"的时候大大多于"行",你可能就制定了太多武断的规矩。

跟一个2岁的孩子较量意志是劳神费力的,所以应该把这种机会留给一些真正重要的情况。像使用汽车安全座椅这种安全问题显然就是很重要的,但是在冬天戴手套的问题就没那么重要了(毕竟,你可以把手套放在衣服口袋里,在孩子的小手变凉的时候,就马上拿出来给他戴上)。

总之,作为两三岁孩子的家长,我们应该坚持三分教、七分等。平静地面对孩子的"反常"行为,控制好自己的情绪是第一步;在爱的前提下,初步建立一些孩子能够理解的规矩,是第二步。只要父母心境适宜、言行得体,孩子终将会走过这段混乱而又奇妙的叛逆期。

孩子经不起考验

周末上午,川爸制作了美味的新奥尔良烤鸡翅。他把所有鸡翅装在一个盘子里,然后叮嘱儿子只吃自己那份,剩下的留给妈妈。等我忙完过来,餐盘里只剩下一堆骨头。

——"不是跟你说好了给妈妈留3只吗?你到底爱不爱妈妈?"

——"我知道,可是我一吃东西脑子就懵了,尤其吃肉的时候。"

再怎么审判也变不回鸡翅,作为最终受害人的我,饥肠辘辘地盯着餐盘,思索着如何避免重演这种"悲剧"。

我想到了那个举世闻名的"棉花糖实验"。

四十多年前,一些美国小朋友领到了一份美味棉花糖,但被告知最好别吃,如果能忍耐 15 分钟以上,就能赢取双份的棉花糖。结果 70％的孩子立刻就吃掉了,奖励或惩罚全都被他们抛在了脑后。

"棉花糖实验"是斯坦福大学米切尔博士设计的有关自制力的实验。实验结果显示:只有 30％的孩子,可以忍住不吃触手可及的美食。

如果我的儿子参与这个实验,他肯定也属于另外的 70％,所以今天他吃光我的鸡翅,也是大概率的正常事件,没必要上升到道德的高度去批判。

后来有人分析那 30％能忍受得住诱惑的孩子,主要是善于转移注意力,他们有的用手遮住眼睛,转过身,故意不去看桌上的盘子。

因此,若想确保下次我的鸡翅不被偷吃,应该单独盛盘装好,放到儿子的视线之外。

川爸却并不完全认可:那谁谁家的孩子,跟咱儿子一样大,就特别懂事,肯定不会偷吃。

的确,孩子跟孩子是不一样的,即便为一母所生。

还是说回那个几十年前的"棉花糖实验",当时有一对兄妹参与了测试,4 岁的妹妹卡罗琳抵制住了眼前的诱惑,成为优胜的 30％;而 5 岁的哥哥克雷格,面对的诱惑物是玩具,实验人员一走,克雷格就偷偷地打开了桌子,把所有的玩具都清空了。他说:

"我拿走了一切。在那之后,老师告诫我说再也不要进实验房间。"

大多数家长都希望自己的孩子是优胜的 30%,情商高,自控力强,能经得住诱惑……

但是心理学家、脑科学家做了无数试验研究表明,人的性格受遗传影响很大,有些孩子,天生注定就是"克雷格",自控力差,并且需求旺盛。

这个结论太悲观,我可不想一辈子像防贼一样防着我的儿子。

不过科学研究也指出,孩子一旦降生,就开始被环境影响,孩子最终长成什么样的人,是"天性"和"环境"共同作用的结果。环境包括家庭环境、社会环境,其中家庭的养育方式影响最大。

有些科学家建议有意识地对孩子进行"自控力"训练。比如,给 4~8 岁的孩子播放"棉花糖实验"的录像,基于"同类模仿"的原理,很多孩子在短期内学会了以"忍耐住不吃棉花糖的孩子"为榜样。或者,在幼儿园里,每天进行"延迟满足"的训练。但这种教学效果能保持多久,也是一个疑问。

最好的"自控力"训练,其实是在家庭进行的,长期的、持续的、重复的行为,直到孩子形成习惯。比如,零食只能在某一个固定的时间享用;就餐时必须等所有人到齐;零花钱的数额是有限定的,如果存起来就能享受利息。

这些长期的、反复的训练,需要时间;同时孩子的大脑发育,也需要时间。有时候,"年龄"就是一个最好的判断尺度。

如果参与"棉花糖实验"的孩子年龄提升到 12 岁,那成功率远不止 30%;如果是成年人来参与这种诱惑实验,100% 都会获得奖励。

但在那个理想的"时间或年龄"到来之前,最好不要贸然去考验孩子,尤其是那些一旦失败,后果就比较"严重"的实验。

亲戚家有个孩子非常喜欢玩电子游戏,整个假期 iPad 不离手,甚至甘愿放弃随全家旅游。这位妈妈表示羡慕我家孩子,没有沉迷于电子游戏。

在大学期间,我就看过一位哲人先知的话:电子游戏和性,是最富有魅力的两样东西,但过早接触有害无益。

因此,在孩子具备一定自控力和规则意识之前,我都没有放任孩子接触电子产品。如果有人拿电子游戏去诱惑、去考验一个不成熟的孩子,结果注定会让你失望。

女儿不到 3 岁就出现龋齿,牙医建议别给孩子吃零食。我说孩子不吃会哭闹,把零食藏起来她也能找到。医生说你家里别放零食就行了,孩子看不到零食也就受不到诱惑。

另一项经不起考验的,是孩子的"好奇心"。我曾反复叮嘱上幼儿园的儿子,不要随便开家里的大门,他却能在我煮一碗面的时间,帮我收好几个快递,甚至把一个陌生的推销员引进家门。"妈妈,我怎么没看见坏人抓小孩啊,坏人究竟长什么样?"儿子忽闪着大眼睛好奇地问我,我只好把门双层反锁。

在对学龄前儿童进行的诸多"防拐测试"里,孩子十有八九被"拐走"。所以家长们千万不要在现实生活里考验孩子的安全意识。

不随意考验孩子,不是要让孩子生活在无菌的真空里,而是只给孩子提供"适龄"的选择,不适龄的诱惑不要摆在孩子面前,最好让孩子绝缘。科研领域比较普遍的共识是:1 岁之前不要让孩子吃咸味零食;2 岁之前不要给孩子看电视;9 岁之前不要让孩子自主操作电脑;而有些危险的刺激性诱惑(比如毒品),则需要终生远离。

也有一些教育理论主张"以毒攻毒"来提升孩子的免疫力,比如放任孩子吃,直到他吃到反胃;放任孩子玩电子游戏,直到他自己玩腻;放任孩子犯错,直到他自己觉醒。这种教养方式是否成功,是一个说不准的概率。但在这个"放出去"和"收回来"的过程中,家长的心灵会备受考验!

什么是对孩子最好的"奖赏"?

儿子放学回来,边跑边叫着闯进书房:"妈妈,我要给你一个惊喜!"我从电脑前抬头,只见他满脸红光、气喘吁吁,赶紧问有什么好消息,儿子提高了嗓门:"我今天的语文作业得了一个'优'!"

"哟,是真的吗?"儿子忙不迭地卸下书包去翻作业本,一时情急找不到,书本、文具哗啦啦全倒在桌子上。

"在这儿,在这儿,妈妈你看!"儿子终于翻出作业本,指着那个鲜红的"优"字给我看,眼睛里放射着光芒。

我给予了鼓励,等着他找我要奖赏,儿子却一边收拾书本一边说:"我要去写作业了,不要让妹妹打搅,我要争取明天再得一个'优'。"

儿子一边哼着小曲儿一边铺开了阵势,果真就自觉地完成了作业。

写完作业陪妹妹玩,好心情一直持续不断,晚饭都多吃了一碗。

儿子这股持久的高兴劲,之前似乎从未有过。

或许,这就是传说中的"内驱力":孩子发现了自己的内在需求,然后通过自己的努力使需求得到满足,这种自我满足感又驱使他进一步努力……

我知道这一个"优",来得有多不容易。

儿子是个发育迟缓的孩子,刚上小学时,连"b"和"d"都分不清。因为个头太高,一直被老师安排坐最后一排,家长会上,老师给的反馈是"经常处于神游状态";放学回家问他作业情况,也是支支吾吾说不清。总之,一个标准的"后进生"范本,对此我早有心理准备:孩子的天赋各有不同,顺其自然就好。

虽没有格外施压,而孩子自己,却也感受到了压力。

最大的困难是语文汉字的书写。儿子爱画画,因此汉字也是一个一个依葫芦画瓢画出来的,字大如斗,歪歪扭扭。学期末考评,语文科目的"小星星"少得可怜。儿子沮丧地跟我说:"我好羡慕王子宁,作业本上全是'优',得了30颗'小星星'。"

"你希望把字写漂亮,得更多'小星星'吗?"儿子点头。

"那怎样才能做到呢? 那些写字好的同学,可能每天都认真练习写字了哟。"

"我从今天开始也在家练习写字吧。"儿子说。

爸爸建议照着课本,每个生字写十遍。

儿子只坚持了一天,就想要放弃:一个很丑的字,变成十个很丑的字,的确让人沮丧。

"需要妈妈教你写字方法吗?"儿子点头。

我跟儿子坐在一起,找到了把字写好的方法:按照笔顺、横平、竖直;保持左右(或上下)两部分的正确比例和间距;把字写在"田字格"的中央。

方法不等于窍门,儿子依旧写得很艰难,一笔一画都用尽了全力,额头都冒出了汗。

终于,儿子写出了一个比较端正的汉字。

"妈妈,我就按照这个方法练。"儿子有了信心。

"妈妈,我每个字要写几遍?"儿子问我。

"写几遍你自己定,只要你把这个字写到能得'优',就可以不用写了。"

儿子开始埋头练习。

半小时后,他拿出一页书写作业。

每个字都写了很多遍,在每一个他认为最棒的字上,他自己画了一个钩。

"妈妈,你觉得我画钩的字可以得'优'吗?"

我点了点头,他已经有了对汉字的审美能力。

接下来的练习,就都有了意义。

整个寒假,儿子按照这种方式,每天练习书写。

写完了两个生字本,练习完了所有新学的汉字。

新学期开学第三天,就出现了开篇的场景。

儿子的语文作业得了"优"! 在他自己孜孜不倦的努力下,终于得了一个"优"!

他从未如此的欢欣鼓舞过,胜过我给过他的任何奖励!

看着儿子努力进取的小身影,我有欣喜,也有反思。因此写下这些文字,与各位家长共勉:

每个孩子都想变得优秀,你问问他们,就能知道。

他们的确也能做得更好,你给他们机会,就能知道。

孩子需要我们的帮助,但不需要被别人主宰。外力驱使或许能一时促进孩子,但也容易让孩子形成依赖。而激发孩子的内驱力,让孩子享受自己做选择、做出努力之后获得的成就感,形成良性循环,才真正有助于孩子一步一步迈向更美好的人生。

家长需要怎么做呢?

1. 观察孩子的自然表现

先做一段时间的观察者,观察孩子的自然发展。

如果孩子发展得不好，让他自己体会一下挫折和沮丧（这是成长过程的必修课）。

2. 让孩子对自己做出评判

跟孩子促膝长谈，让他自己对自己的状态做一个评判，而不是由家长和老师来贴标签。

鼓励孩子说出不好的感受，让孩子毫无保留地表达出自己的全部情绪。

3. 先让孩子自己提出解决方案

先让孩子自己提出解决方案："那么，你觉得该怎样改变这种状态呢？"或者问"你想过怎样才能保证每天按时完成作业吗？"

如果孩子提不出有效方案。家长再问："需要爸爸妈妈跟你一起想办法吗？"

4. 平等沟通之后，制订一个可行的计划或方案

通过平静理性的沟通，制订一个日程安排和解决方案。让孩子充分参与方案的讨论，家长也要仔细权衡方案的可行性。如果目标太高、强度太大，孩子就很难坚持。反之则达不到效果。

坚定不移地执行，直到"计划"成为"习惯"。

一旦方案定下来，每天就要严格执行，直到孩子形成习惯。

如果孩子"违约"，就让他自己承受"违约"的后果，比如，玩耍时间减少、被老师责罚，等等。

自始至终，让孩子觉得自己是自己的主人，"需求"由自己产生，努力靠自己，好的或不好的后果，都得自己承担。

一旦孩子尝到了"自我满足"的甜头，内驱力就开始运转。他们终将会成为自己赛场的选手，凭自己的努力去赢得奖品，而我们做家长的，也终将从教练员退守到观众席，安静地鼓掌足矣。

"情绪"不等于"脾气"

有个妈妈咨询留言：今晚真是一团糟，起先是 5 岁的儿子为一颗糖而乱发脾气，怎么哄劝都无效，我只好以暴制暴，对儿子一顿狂吼，结果把 2 岁的女儿吓到，也跟着号哭，弄得一屋子"鸡飞狗跳"……唉，我也搞不清是孩子引发了我的脾气，还是我的坏脾气传染给了孩子，总之有了孩子以后，我的脾气是越来越暴……

下面这篇，就专门解剖一下"脾气"。

一位美国心理学家说："没人能使你发脾气，除了你自己。"孩子也好，麻烦也罢，他们只是你身体以外的存在，而你自己的大脑，才是你情绪的主宰。当然，每个人在遭遇到不顺心的时候，总难免有一些负面情绪。但情绪和脾气却是两回事。当你看到一篇揭露社会黑暗的新闻报道时，你肯定会愤怒，但是，你一般不会因此而发脾气。一个 3 岁的孩子，却会因为拼不好一块积木而发脾气。

愤怒、沮丧，这些负面情绪谁都会有。但是，有些人发了脾气，有些人则没有。

因为释放负面情绪的方式有很多，而"发脾气"只是其中的一种，伤人又伤己。

成年人可以依靠理智较好地管理自己的情绪（但也不是总能成功），而孩子，由于心智发育不成熟，更难把控自己的情绪。脑科学家研究表明，大脑中负责情绪控制的部分（前额叶皮质）在一个人长到 20～25 岁才能完全发育成熟。

因此，我们首先要理解和接纳各种"情绪"的存在，再依据年龄和环境，寻找合适的释放情绪的办法。

为什么有些人脾气好，有些人脾气差？

首先,要承认先天性情的差异。按照心理学家的分类,人类按性情可分为"消极性"和"积极性"两种。后一种人格,遇事乐观,总看到事物好的一方面,所以负面情绪少,发脾气的根源也就少。"消极性"人类则恰恰相反。

另一种性情分类,有"敏感性"和"迟钝性"两种。后一种人格对世事反应比较冷淡,所以情绪波动小,脾气也显得比较好。而"敏感性"人类则容易受到刺激,情绪波动比较大。

性情没有绝对的好坏,我们应客观认识这种差异,对每一种性情都表示理解和接纳。

尤其年幼的孩子,最初的行为方式都是直露"天性"。面对一个情绪波动大的敏感性孩子,你要看到他行为背后"基因"的力量——"其实我也不想这样"。

因此,当你面对发脾气的孩子时,你要表示理解和同情,千万不要以同样恶劣的脾气来回应。

接纳情绪,但不能纵容"脾气"。

孩子在发脾气时,经常会有伤害性的行为,比如打滚、撞头、咬人……我们理解他的情绪,但不能纵容他的行为。

成年人发脾气,会吼叫,甚至打骂孩子,这更不能容忍。

有了情绪不释放,刻意去压抑,也不合理,因为抑郁也伤身。

当负面情绪产生以后,及时为它找到合理的释放出口,这才是我们的目的。

下面,给大家介绍5种正确的情绪释放方式,也可以叫脾气降温模式。

释放负面情绪的合理方式:

(1)表达情绪,说清楚发脾气的原因。

推荐指数(成人:5星,儿童:5星)

让发脾气的人说出自己的心理感受,或者帮孩子"说清楚"他的愤怒原因,是释放情绪的一种方法。

3岁的蒙蒙在超市的柜台大哭大叫,妈妈蹲下身,温和地说:"你是很想吃那块巧克力吗?非常非常地想吃?"蒙蒙急急点头,很快止住哭泣。"我们想想有什么办法,可以让你的牙齿不疼呢?"一旦孩子冷静下来,家长就可以想办法慢慢引导。

(2)撤离"愤怒现场"——好好利用卫生间。

推荐指数(成人:5星,儿童:3星)

当你无法理性处理冲突场面时,撤离是最佳选择,无论大人还是孩子。如果在家里,卫生间是不错的去处。情绪不佳的成年人,可以进卫生间,洗个头,冲个澡,或者蹲在马桶上刷手机,看点幽默段子、八卦典故。

孩子控制不住脾气,家长可以带他进卫生间,让他照镜子看自己的表情,或者就静静地待一会儿。温和告诉孩子:"等你平静下来时,再来找妈妈聊。"

(3)绘画或书写。

推荐指数(成人:5星,儿童:5星)

我儿子有一次跟爸爸吵架了,气呼呼关上房门,不一会儿房间里传出笑声,我进门一看,儿子正在欣赏自己的画作:他画了一个爸爸,头上顶着一坨 shi。这幅画不太礼貌,但我觉得可以容忍,因为这个行为没有任何伤害性。等到情绪好转,儿子依然喜欢并尊敬每天给他讲故事的好爸爸。

我从小有写日记的习惯,遇到不开心的事就在日记本里写下来,初衷也是发泄怨愤,但书写的过程却奇妙地实现了反思和自省。

(4)找一个"出气筒"。

推荐指数:(儿童:5星,成人:3星)

对于喜欢以撞头、摔东西来发泄情绪的孩子,给他找一个专属的"出气筒"是不错的选择,出气筒可以是一只毛绒玩偶、枕头,总之,允许孩子对它任性摔打。

成年人有拳击沙袋的方式发泄情绪。现在市面上还专门发明了"砸木桩""敲打台"等玩具类型的"出气筒"。

(5)有趣的"冷静角"。

推荐指数(儿童:4星)

这种方式一般适用于三周岁以上的孩子。布置一个专门的角落,供孩子冷静。"冷静角"可以贴上有趣的贴纸、挂一幅表情图,再增加一点玩具。大纸盒做成的"童话小屋"或者小帐篷,也是充当"冷静角"的不错选择。当孩子情绪不好时,温和而坚定地告诉他:"去你的'冷静角'待一会儿,等你心情好了咱们再聊。"

结论:

不同年龄、不同性情的孩子,各种方法适用效果不同。低幼阶段的孩子,可能稍微转移一下注意力就行。而有些孩子,必须要哭上足足十分钟。

判断一种情绪释放的方式能否接受,就是看有没有伤害性(伤害自己或他人,破坏环境或器物也包含在内),如果孩子只是想哭,就安静地等他哭完。

另外,2岁以内的小宝尤其是婴儿,情绪不佳多半是因为身体不适,或者生理节奏被打乱,比如,在本该午睡的时间,带他去参加一个宴会。这时候,家长应该及时调整生活节奏,不要勉强孩子。

对于五六岁以上的大孩子,究竟采取哪种方式发泄怒火,父母可以跟孩子大大方方地商量。是选"冷静角"还是"出气筒",或者画一幅丑化"敌人"的漫画——让孩子自己选择。

快乐和成功，只能二选一？

如今网络上充斥着不少文章，大意都是：如果孩子童年快乐放松，长大以后就很难成功。文章一般会举几个例子，比如小时候的某同学，朋友家的某孩子。

人生实在太复杂，任何个案都不能说明问题。

我也能随手举出一些反例。比如，我见过的一个女孩，活泼可爱，但资质平平，女孩的父母就没有在她学业上过度狠逼，最后只上了一所三流大学。但女孩一直性格阳光、活得精致，最后嫁了一个如意郎君，当然嫁了人她也没吃闲饭，如今一边带孩子一边弄自己的"形象设计"工作室，也发展得风生水起。

把童年快乐跟成功对立的人，特别喜欢引用龙应台的一段话："孩子，我要求你读书用功，不是因为我要你跟别人比成绩，而是，我希望你将会拥有选择的权利，选择有意义、有时间的工作，而不是被迫谋生。"

我非常喜欢这段文字，也常用它来教育自己的孩子。只是，这段文字的核心是"用功""努力"，但这跟"快乐"并不对立。

事实上，在我求学生涯接触到的大多数学霸，他们都是努力又快乐的人。因为他们是在自己认同的方向上，自我驱动地努力，而不是被外在压力逼迫着努力。

"努力"成为"快乐"的反面，只有两种可能。

一是不知道努力的意义。尤其是对于那些家境优渥,父母对其有求必应的孩子来讲,他真的是很难理解:一切都是现成的,为什么还要努力?上重点,挣大钱?听起来好遥远。

二是过度努力,导致回报的"边际效应"递减。

每天给孩子增加 1 小时的学习时间,考试的名次前进了 5 个名次,大家都受到鼓舞,继续增加 1 小时,又前进了两个名次;如果家长变本加厉,让孩子牺牲掉所有休息时间来学习,孩子就会考第一吗?恐怕不能,但孩子肯定会不快乐,非常不快乐。

"天才是百分之一的灵感,加上百分之九十九的汗水。"这大概是 20 世纪最具欺骗性的鸡汤。当代心理学和科学界的主流观念认为:人的智商和个性,百分之六七十都来自遗传基因。

然而我们仍然需要鼓励孩子努力,但是真正负责任的家长,不应该以牺牲孩子的童年为代价。真要为孩子好,就该用点心,让孩子"快乐"地努力。

首先,激发孩子自己的内驱力,让孩子"习惯于"努力,发自内心地认同"努力"。对于低龄的孩子,"努力"就像孩子经历过的刷牙、洗头、自主如厕一样,最好让他从小养成习惯。习惯了努力就不会再觉得痛苦,痛苦是因为突然改变了习惯。

孩子年龄大一些了,有了理解能力,也不要高估说教的作用。倒不如引导孩子进行深度阅读。让孩子通过阅读优秀文学作品、名人传记,拓宽自己的视野,发自内心地向往那些"卓越的人生"。

但是影响最直接的,恐怕还是家长自己的言行举止。无论是在集体,还是一个家庭,"干劲"是可以互相传染的,你若是积极上进、事业有成,孩子会不自觉地模仿你的节奏,跟着你的步伐走。

最后,我们需要正视孩子的天赋条件,给孩子制定切实可行的努力目标。就像跳一跳就能摘到的苹果,孩子努力了,就能享受到收获,便会感受到快乐,并因此继续努力。如果逼一个资质普通的孩子去考顶级名校,就好比让孩子去摘星星,他努力蹦了很久,连片云彩都碰不到,所以很不快乐。

所谓成功或者幸福,说到底是一种心境。美国心理学博士劳拉·马克姆说:父母平和,孩子快乐,而人总是心情好,才能做得更好。哪怕你从心底里望子成龙,也别整天把焦虑挂在脸上,见不得孩子有一刻快乐轻松。

快乐跟努力没有仇,快乐跟成功也没有仇。

最坏的结局,也不是孩子长大后的平庸,而是家长跟孩子一起"不快乐"了大半辈子,最终也没得到想要的"成功"。

我为什么过得如此幸福?

做家庭教育咨询时,每天都有很多家长向我诉说"不幸"。

想生二胎家人不支持,心烦!

有了俩娃,生活失去自我,悔恨!

奶奶和姥姥抢着要孩子,闹心!

没老人帮忙带孩子,不幸!

还有一个妈妈,刚生完二胎交了罚款,全面二孩政策就放开了,这位妈妈就抑郁了大半年。

也有很多人羡慕我说:"你真幸福啊。"

我不由得思索:幸福究竟有没有标准?

从向我咨询的这些家长来说,甲渴望摆脱的,往往是乙梦寐以求的,丙和丁的不幸理由,却又恰恰相反。

我也曾在网络上分享过自己的"幸福生活",引起读者的极大争议。

一派观点是:"这也能叫幸福?太没追求了!"

另一派留言:"别再晒幸福了,简直是拉仇恨!"

我们处在一个社会分层加剧的年代,不同阶层的幸福标准截然不同,而唯一能找到的标准,大概就是一个"心态"了。

下面,我就来说说我自己,白手起家的工薪阶层,能有多少幸福的理由。

首先,我的幸福感来源于我的爱人,他并不高尚,但三观正常;他并不富有,但够养家糊口;他的缺点也很多,但终究是我自己的选择。

再说说老人。除了每年几次来北京度假探孙,双方老人都不与我们同住。虽然少了帮手,但家里也少了各种理念纷争,却更加和平宁静。总之,只要老人们都健健康康,不需要我守在病床前端茶倒尿,就已经是万幸!

然后谈谈孩子,我觉得能把他俩平平安安地生下来,就已经是十分幸运了。

备孕二宝的过程中,我出入妇产医院很多回,亲眼见识了很多育龄妇女排着长队做排卵监测,她们很多人跟我年龄相仿,却一个孩子都没生。

在俩宝的怀孕产检过程,我更是见识了很多 B 超筛查通不过,胎儿发育不良的不幸。记得当年在协和医院的妇产科候诊大厅,一对年轻夫妻走出门诊室就哭得泣不成声,妻子痛哭着蹲下了身子,而她的丈夫,一个七尺大汉子,也在众目睽睽之下双泪滚滚。

在我怀孕二十几周做心脏筛查时,排在前面的孕妈进了 B 超室很久,最后也是哭着开门,仍拽着医生不肯放手:"真的就没有别的办法了吗?我真的想要这个孩子啊⋯⋯"那位妈妈常跟我一起产检,还跟我讨论过不少育儿经。

所以，我一直以为，上有老，下有小，一家人健健康康地活着，就是人生最大的福分。

而那些喜欢诉说不幸的人，所谓的"不幸"，多半都是"比"出来的，自找的烦恼。

你若总拿自己的短处跟别人比，当然会觉得不幸。而这种比出来的不幸除了影响情绪，没有任何价值。

身为一个女人，尤其是孩子的母亲，我们更有必要提升自己感知幸福的能力，因为你的情绪，很容易传染给你的家人。

对于这些爱"比较"的人，要想自己活得幸福，其实也并不难，遇到不顺心的事，跟更惨的比比就是了。

养孩子的过程，也很容易跟周边人"比"出烦恼，请你相信：世上没有完全相同的两片树叶，每一个孩子都有自己的闪光点。

当然除了比较，人生总会遭遇一些真实的挫折。在此，我结合亲身经历，教大家两个办法来摆脱因挫折产生的不良情绪。

第一个办法是"时间穿越法"。

某天，我遭遇到一件非常不幸的事，陷在抑郁的情绪里久久不能自拔，当我意识到不能再这样过下去时，我就独自在一间空房子里，闭上眼睛安静冥想：

如果再过一年，这件事对我还有影响吗？

如果再过十年，我还会在乎这件事吗？

等我老了，我还能记得这件事吗？

答案是否定的。因为在过去几十年里，我肯定经历过类似的甚至更严重的挫折，但是现在，我大多都忘了，哪怕有一点模糊印象，也没什么疼痛的感觉了。所以，既然这一切迟早都会成过眼云烟，不如现在就让它烟消云散。

第二个办法是"情绪九宫格"。

女人大多心理敏感，旁人一句不太得当的话，就足以影响她几天的心情。我曾在一本书上看到美国某位成功人士的名言："除非我断了一条腿或者胳膊,什么恶语中伤都不会让我疼痛难过。"

心胸都是靠委屈撑大的。如果你因为婆婆一个眼神、网友一句谩骂,就郁闷很久,证明自己历练得还不够。那么历练多少才够?给自己画一个九宫格,每战胜一次不良情绪,就在格子里画一个钩。等你画完九九八十一个钩,经历九九八十一难,你差不多就成熟了。所以,当不好的事发生时,你要心存感激:瞧,我又可以通关一次了!

养儿育女,也是一个不断打怪通关的过程,孩子带来的所有挑战,都是推动父母进步的力量。所以为人父母,本身就是极大的幸福。

付出感是亲子关系的杀手

老家有个六十多岁的大妈,在十里八村都很有名,她成名的原因主要有三个:① 她三十多年前剖宫产下独子(当时的农村妇女都在自己家里生孩子,大妈却进了医院,还是剖宫产);② 她儿子考上了重点大学;③ 她儿子不孝顺。

村里的三姑六婆闲坐一起,大妈的主要谈资就是当年难产的经历,有时会边说边掀上衣,向众人展示肚皮上一道蜈蚣似的手术疤痕——"我养这个孩子真不容易哟,从生他就开始受罪……"

几十年前我就见识过她的疤痕肚,当时她正在数落上小学的儿子不听话,说着说着就掀开了肚皮:"老娘就是为了生你才挨的这一刀……"

去年回老家，又一次欣赏到大妈脂肪层叠的肚皮："我这刀口还在呢，他就娶了媳妇忘了娘！"

村里还有位80多岁的老奶奶，是位"高产户"——一共生养了九个子女。

有时大家听腻了剖宫产的故事，也请"高产奶奶"发表感言："您养九个孩子一定吃了不少苦吧，三年自然灾害怎么活过来的啊？"

"高产奶奶"淡然一笑道："不觉得有多苦，都是自己要生的，吃苦也是该的。"

"高产奶奶"的九个子女状况不一，有念到大学毕业当国家干部的，也有连初中都没考上以体力谋生的。老太太整天东家添柴西家帮忙，倒是身体健康、心情开朗。

静下心来我不由得比较，为啥"疤痕大妈"就没"高产奶奶"心情好？照理说她吃得苦远没后者多，唯一的儿子也挺有出息。

可是大妈总觉得不如意，主要还是因为儿子的回报没达到预期，换句话说，大妈觉得自己付出太多，付出感太强。

有人说，付出感是婚姻关系的最大杀手，对于亲子关系而言，何尝不是如此？

心理咨询师李雪老师说过：如果在一段关系中觉得自己是在付出和牺牲，含义是我不爱这个关系。若父母对孩子抱怨我为你付出了一辈子，翻译过来就是我一辈子都没爱过你。

爱孩子本该是每一位父母的本能。又是什么削弱了父母这种"爱"的本能，把生儿育女，当成追求投资回报的一种交易？究其原因，不外乎有两种。

第一种原因来自原生家庭，一个人如果没有在原生家庭获得过"无条件的爱"，那他也很难学会如何无条件地爱一个人。比如，那位"疤痕大妈"，在她十几岁时，父母就开始盘算嫁闺女该收多少彩礼。等她自己也有了儿子,则免不了盘算儿子应该回报给她的"彩礼",可这种挨过刀的代价,儿子如何才能还得清?结果导致儿子见了母亲就像见了债主,哪还有平常家庭的天伦之乐!

第二种原因在于父母的过度付出。我见过很多这类母亲,她们发自内心地爱孩子,很爱很爱,为孩子放弃工作,放弃社交,放弃一个生命该有的休养生息。孩子在这种"密实"的爱里,感到窒息。而当一个母亲把自己生命的价值完全附着在孩子身上之后,就会无意识地产生付出感,以及对于"回报"的过高期望。

付出感一旦产生,心理失衡就注定经常发生。因为"付出"纯属个人的选择,而"回报"却由不得你来决定。一旦心理失衡,你就会怨气冲天,你的怨气越重,孩子越想逃离,恶性循环下去,你非但得不到想要的回报,甚至连亲子感情也在不断流失。

如何避免这种付出感?

首先,理性审视自己的成长经历。作为一个成年人,决定我们价值观的不仅仅是原生家庭,更重要的是如何认识自己的原生家庭。首先要理解自己的父母,懂得那些在特定年代、特定背景下发生的不愉快,有许多身不由己。当自己在子女教育上无意识重复父辈的做法(打骂或计较回报)时,就要有意识地提醒自己,那些曾让自己感觉不美好的事情,何必让它再次发生?为人父母始终要明白:父母子女之间不存在任何交易,因为所有的交易必须事先达成协议,而你在生孩子之前,征求孩了的同意了吗?

其次,尊重自己的生命价值,要懂得把自己跟孩子区分开。爱孩子,也要爱得从容不迫,父母为孩子做的每一件事,必须是自然而然,出于爱的本能。如果父母感到心焦力瘁、患得患失,意味着父母已经开始透支。父母需要静下心来,思考如何调整生活的节奏,以及自己和孩子的关系。

很多家长常犹豫是否该为孩子报昂贵的课外培训班,如果你为这事犹豫纠结了太久,基本就可以放弃了。既然如此难做决定,意味着这就是一项让你过度付出的决定,至于回报,大概率低于预期。

一对工薪阶层的夫妻,卖了房子供孩子出国,临行前千叮咛万嘱咐:"出国了多学本事,等赚钱了回来给我们买房养老。"结果孩子才出国几个月就偷偷回国去酒店打工,难以想象这些过度付出的父母,如何面对如此不堪的结局。

正常的亲子关系,从来不需要刻意"用力"。

或许又有人疑惑:我不求回报,孩子会懂感恩吗?

同理而言,爱父母也是孩子的一种本能,正常的孩子都懂得感恩。

可世上那些不懂感恩的孩子是从哪里来的?

追本溯源,原因还是来自父母,尤其是两类付出感太强的父母。

第一类父母斤斤计较、过度索取,孩子感受不到无条件的爱,也就不会心存感恩。比如那位"疤痕大妈"的儿子,在他眼里,母亲就是个叨叨不停、步步紧逼的"债主",哪里能让人产生感恩的情怀,逃避都还来不及。

第二类父母过度付出,把孩子淹溺在"爱"里,自己一手造就了自私蛮横的"小皇帝"。"爱"孩子很容易做到,难就难在如何"爱"得适度。

如何在不求回报的同时,让孩子拥有一颗感恩之心? 在此给几条简单建议。

(1)习劳知感恩。在教育的问题上,永远是"行"大于"言",与其苦口婆心地告诉孩子做父母有多么不容易,不如让孩子亲身体验一下这些不容易,从日常生活的小事做起。要让三四岁的孩子学会自己穿衣,四五岁的孩子应该参与玩具的整理,六七岁的孩子可以帮父母洗碗,甚至准备一顿简单的早饭。

(2)父母要适当地"示弱"。不要在孩子面前扮演"无所不能"的超人形象。可以带孩子到自己的工作现场,让孩子体会到自己工作的辛苦;可以在劳累的时候,请孩子给自己递一杯水;可以在某些节日到来之前,暗示孩子自己也想得到礼物的祝福。

(3)营造家庭的感恩氛围。要习惯于彼此之间使用"谢谢"这样的感恩词语,晚餐桌上的话题,也可以定成"感恩"主题,用于总结家人之间的有益帮助,也可以盘点身边人的善行。

总之,想要孩子成为什么样的人,自己先要成为什么样的人。爱索取的父母养不出孝顺的孩子,懂感恩的孩子只出自懂感恩的家庭。

你是否一边催孩子上进,一边拖孩子后腿?

儿子上学没几天,便拿出一堆作业和表格让家长签字。我手握签字笔,签什么风格的字体好呢?方正宋体?还是行楷草书?犹豫片刻之后,我打算给孩子树立个榜样,签了个尽量工整的方块字,儿子大为失望:"你写的字怎么跟小学生一样啊,你应该签草书,写连笔字!"

我在废纸上草签了一下问儿子:"你希望我写成这样?"

儿子摇了摇头,依然不满意:"还是不好看。你为什么不能像许嘉的妈妈,还有张恒则的爸爸,签个很帅的签名呢?"

我的字的确写得不好。

从儿子上小学第一天开始,我就要求他端正坐姿,把字写好,却万万没想到,自己不经意地露了败笔,让孩子大失所望。

我的女儿,也是一个颇有天赋的孩子。1 岁多旁听我给哥哥辅导英语,2 岁多开始读原版绘本,刚过 3 岁,女儿就开始跟我断断续续地说英语。我非常惊喜,估算着按照这个进度,女儿在上小学前,就可以说一口流利的英语了。

可是渐渐地,我发现女儿说英语的积极性有所降低,原因也在我身上。好多次女儿用英语问我问题,我听力跟不上节奏,瞢3 秒钟回一句:“你说什么?”女儿只好又切换成中文。

带女儿逛公园,女儿非常好奇地问我:“What's this? What's that?”我大脑里的词汇量不够用,只能说:“等等,让妈妈用手机给你查查……哎呀信号不好,我们去看别的吧。”

若干年前,我也曾有学好英语、练好口语的决心,后来因为各种原因或借口,一再荒疏。如今,我自己的孩子有那么好的语言天赋,那么强的语言热情,可是万万没想到,我却成了拖她后腿的人。

女儿刚上幼儿园时,为了早上梳头省事,我带她剪了个蘑菇头;为了洗衣换衣省事,我雪藏了她的公主裙。放学时候我去接她,感觉自家闺女一副与众不同的假小子模样。有一天女儿指着绘本上的公主说:“妈妈,我好希望自己能像她一样漂亮。”

当年怀女儿时,我曾写过一篇日记叫《我的女儿梦,我的公主梦》。我是一个缺乏衣着品位,不擅于梳妆打扮的妈妈,自小看见那些漂亮精致的女孩就无比羡慕,心想着自己若有了女儿,一定从小培养她的审美情趣,用心打扮。然而才不到两三年,我就把女儿的形象,拉到了平均线以下。我再一次因为自己的懒惰,拖了女儿的后腿!

有了孩子以后,我们很容易把“努力”集中在孩子身上,反而忘了自己的“成长”。我们以为把孩子推上高峰,就等同于实现了自己的理想,可是随着孩子一天天长大,当孩子的知识、见识慢慢增长,我们发现自己非但推不动孩子,还成了拖孩子后腿的人。

一位教授妈妈留言给我说:"我有时也会拖孩子的后腿,因为'青出于蓝'是必然的。身为家长最重要的是保持上进的姿态,激发孩子的动力。"

是的,好好学习、天天向上! 这话不能只对孩子说。家长应该忘记年龄、放下身段,陪着孩子一起做。

晚饭后儿子开始抄写语文生字,我也找来纸和笔,挨坐在儿子旁边一起练写字,儿子前所未有的兴致高涨,一会儿就写完了,然后跟我交换作业本互相点评,我给他评了个"良",他给我评了个"有进步"。

有进步真好。

我竟体会到"成长"的快乐!

接下来还有数学、美术、英语、手工……陪着孩子再学一遍又何妨?

有了孩子以后,何时才能轻松享受?

毕淑敏老师曾写过一篇《女人有了孩子以后,什么时间开始享受》,引起千万妈妈的共鸣。

刚生完孩子,女人劳累得一塌糊涂,心里冀盼着就苦熬过几年,等孩子上学了就好了;等孩子上了学,你却不得不跟孩子一起肩负学业压力;等孩子长大成人了总该轻松了吧,不,孩子的工作、婚嫁,一样让你操碎了心;好不容易苦熬半辈子,儿女们终于成家立业了,你躺在摇椅上刚想伸个懒腰,你的孩子又领回一个更小的孩子……

这么看来,女人有了孩子后,很难再有轻松愉快的好时光了。

记得儿子刚上幼儿园时,频繁生病,我的工作也总被幼儿园的各种活动叨扰,于是抱怨说:"原本以为上幼儿园就轻松了,没想到还是这么麻烦。"一位年长的同事妈妈过来劝导:"你就知足吧,等孩子上了小学事情更多,其实幼儿园阶段是家长最轻松愉快的时光了……"我颇不以为然。

3年以后,儿子要上小学了,就在片区内一所非重点小学。新生家长会,我和许多爸爸妈妈一起,早早赶到,毕恭毕敬坐在教室里,等着比我们小一轮的班主任介绍学前准备工作。班主任首先交代作息时间:上午 8:00 入学,11:30 放学;下午 1:30 上学,3:30 放学;周五:12:00 放学。

时间一公布,家长炸开了锅,天啦,这真的是逼人辞职的节奏啊!

"老师,能不能中午不接,就在学校吃午饭?"大家都追问。

"学校可以吃午餐,但不方便管理,配餐也不一定适合您家孩子。"班主任解释。

"跟老师吃的一样吗……哦……那好……能吃就行……能吃饱就行……中午实在没时间……我们中午就不接了……麻烦老师了。"

可是,下午 3:30 放学和周五的半天,对很多上班族妈妈依旧是一个考验。

会后,家长微信群里聊得最火热的就是课后托管问题。几位妈妈已经先行考察了学校周围的托管班,反馈说一个距学校近,但是在地下室;一个规模较大,但教室没有窗户……

我冷冷旁观大家的喧嚣和焦虑,心里回想起几年前同事妈妈的那句话——孩子的幼儿园阶段其实是家长最轻松愉快的时光。

是啊,上幼儿园这几年,孩子可以偶尔赖床迟到,进了园里老师依旧笑得像花儿一样迎接。

上幼儿园的这几年,孩子不仅能够迟到,还可以跟随家长的节奏旅游度假,一次翘课好几天。

上幼儿园的这几年,孩子在幼儿园吃睡玩一整天,放了学也没多少家庭作业。

上幼儿园的这几年,没有成绩排名、没有升学压力,也不用参加心惊胆战的家长会。

对比小学,幼儿园真的是无比美好的时光,可是孩子的三年幼儿园时光,家长感受到轻松了吗?孩子感受到快乐了吗?

有一天,儿子从幼儿园放学回家,嘟囔着问我:"什么时候才能上小学啊? 我上幼儿园都上得不耐烦了!"

我回答说:"等你上了小学,功课会紧张,上学不能迟到,还有不少的作业,你可要做好思想准备哟!"

"那有什么呀?"儿子不以为然地说,"可是小学放学早啊,还有那么长的寒暑假! 陶陶的哥哥就放暑假了!"

这里不得不提,儿子上的是一所没有寒暑假的私立幼儿园。只要孩子没生大病,我们也从不迟到从不翘课,每天满满当当地让孩子在幼儿园待一整天,年前上到腊月三十,暑期上到新生开学。说起来,这几年来,家长确实有了完整的时间,对于一个几岁的孩子,这种日子却过于清规戒律了。

幼儿园还剩最后的一个多月,我跟孩子,似乎还从未真正"享受"过这段快乐时光呢。

我领着兴致不高的儿子机械地走在回家的路上,思前想后终于做了一个决定:"明天中午,我提前把你接走吧?"

"真的啊!"儿子兴奋无比,"接走之后呢,我可以看一部很长的动画片?"

"不，我直接带你去电影院看。"

第二天中午，我丢下手头的工作，一路小跑着去了幼儿园，教室里孩子已经不多，大部分都已经回老家或出去度假，所剩无几的几个小朋友正在准备午睡。很快，我看见儿子背着小书包安安静静地坐在教室的一角。我轻轻敲门，儿子警觉地转过头，抑制不住的笑意蔓延开来，快步跑向了教室门。

"妈妈，我知道你今天一定会来接我的。妈妈，虽然你来晚了点，我还是很高兴。"

儿子牵着我的手，洋洋得意地把小朋友们羡慕的眼神留在身后，蹦蹦跳跳地跟着我去了电影院。我买了儿子爱喝的蜜桃果汁，抱了一大桶据说不怎么健康的爆米花，然后安安静静地等着大片的开场。

儿子长这么大没进过几次电影院。就连稍微长一些的动画片，也被我严令禁止。

在跳动的光影里我止不住感慨，自己多久才能进一次电影院，享受如此的奢侈啊？有了孩子以后，所有时间的缝隙都被那些琐碎的永远无法完成的任务塞满。我常对网络热评的影片无比向往，可还是一再压抑，永远舍不得花时间。

今天，可真算豁出去了。但其实，也没损失什么。

电影散场后，儿子跟我一路上回味着电影里的场景。

我问儿子："你觉得孙悟空从耳朵里拔出金箍棒的那一刻帅吗？"

"妈妈，你说孙悟空把金箍棒藏耳朵里不怕带出耳屎啊……"儿子笑得更加难以抑制。

多么快乐美好的一天啊！虽然浪费了一点时间，但对于整个漫长的人生而言，这些"浪费"多么微不足道！而对于孩子而言，却是童年记忆中最闪光的亮点。

所以,请珍惜孩子的幼儿园,珍惜孩子的童年,珍惜所有即将逝去而不可重回的成长时光,无论自己的,还是孩子的。

【有效管理】

当经济不景气时,如何养活我们的孩子?

某个周日,难得一家人聚得齐全,我建议川爸开车带全家人去一家常去的餐馆聚餐。到了餐馆门口,却被工作人员拦住了:"很抱歉,我们餐厅已经停业了,正在清理整顿中。"

我跟川爸黯然离开,止不住感慨:"唉,经济不景气啊。"这家品牌餐厅是我们常去消费之所,几年前在北京还有颇多连锁店,后来我们看着它一间间关门停业,到如今全北京只剩下两家。

几个月前,我去国贸中国移动营业厅换电话卡,也感受到了寒意。作为 CBD 最核心区的一条小商业街,跟国贸地铁站直接联通,交通十分便利,却只剩下麦当劳和移动营业厅在正常营业。办完事去麦当劳吃个快餐,心仪的几款汉堡居然停止供应,貌似也要关门的节奏。

上个月,我所居住社区的会所也关门了。在这里住了近 10 年,连 2008 年的金融危机期间,这个会所也颇为红火,楼上健身房,楼下餐厅,地下一层还有一个规格较高的游泳池。如今,全部停止营业,一派破落凄凉的景象。

这一次经济萧条是真的来了。跟朋友们聊起此事,大家都颇有同感,公司业务都直线下降,裁员行动已悄悄展开。

身边有位在外企工作的朋友,也感受到了职场危机,因为公司业务向其他国家转移,国内只打算保留一个小小的办事处,他所在的团队有80%被裁员,裁剩下的,也会被大幅度降薪。

另外一位朋友在知名大厂工作,一直收入颇丰,然而因为频繁熬夜加班,这几年的体检报告已经亮起了红灯,目前只能勉强硬挺。

还有一位开连锁酒店的中年朋友,早几年称得上"日进斗金",然而就在最近几年,经营开始变得困难。

除非你有幸处在某些绝对安全的行业,系统性的经济萧条带来的收入下降,或早或晚,都会降临到自己的家庭。同时,作为有娃的家庭,还不得不面对日益高涨的教育支出。

除非是已经完成了财富积累的富贵阶层,普通人都难免有些担心。

好在,一个人的前程并不完全由金钱的投入来决定。

孩子的成长,需要家长"用心",多过"用钱"。

回顾自己的前半生,我大概算得上一个不怎么花钱就顺利长大的典型。由于出生在小地方,6岁前从未上过培训班;玩具都是奢侈品,从不知iPad为何物;旅游主要靠走亲戚,上大学前都没有出过省。

但回顾自己的童年和长达二十年的求学生涯,我并未觉得自己贫穷过。因为我有一个温暖和谐的家,还有尽职尽责的父母,更有没受过污染的好山好水好风景,不花一分钱门票费,任我汲取天地日月之精华。至于我为什么好学上进,也得益于尊师重教的父母数十年如一日的灌输:"少壮不努力,长大没出息。"

当我上了小学些许认得几个字以后,我最大的娱乐就是阅读。我把父亲尘封的木头箱子敲开,翻看大量的藏书,繁体的、竖排的、白话的、文言。那时候可没有如今这么丰富的童书绘本、少儿读物,所以但凡印了字的东西,我都是如饥似渴地阅读。从小学四五年级开始,我就磕磕巴巴地读那些超出我理解力的经典名著,诸如《三国演义》《红楼梦》等。至今仍记得父亲时不时敲我"闺房"的门,我便迅速把《红楼梦》藏到枕头底下。父亲进来狐疑地踱着方步,欲言又止地告诫:"有些书别随便看,里面有糟粕,嗯,有些糟粕。"

那些饥不择食的阅读,为我那不太成熟的心灵,开启了很多扇门和窗。我的童年既没有 iPad,也没有游乐场,但如今回忆起来,却是那样充盈而美好的时光。

当然现在时代不同,也不能全按我小时候那种一穷二白的放养法。世界那么大,选择那么多,让孩子多体验一下总不至于有错。

如果你对孩子的投资超出了家庭承受能力,并引发了焦虑和经济危机,那就不好了。

合理的教育投资,应该保证整个家庭的安全和舒适。

对于大多数靠人为出的工薪阶层,精打细算地做一个家庭财务计划是很有必要的。

我每年都会抽出几天时间,整理家庭一年的开销记账。

从现有账单来看,两个孩子的支出占比最大,其中又有两项重头消费:一项是孩子的教育费用;另一项是孩子们的休闲娱乐消费(包括旅游和外出就餐)。

我跟川爸已经计划好要过几年低消耗的慢生活。于是制订了一个全新的家庭财务计划。关于养孩子方面,有几项财务大改革,特意分享如下:

一、用阅读取代大多数才艺培训

有位童书编辑妈妈曾经说过:

书是世界上性价比最高的产品，你仅需要大城市一碗牛肉面的钱，小朋友坐五分钟电动玩具的钱，就可以买到世界上在某一领域，最具建树的人的核心生命价值，买到他几十年最重要的人生财富。

关于孩子们的英语学习，我也不再依赖昂贵的培训班，而是购买了一些英文图书，每天陪孩子阅读。至于视听方面的训练，网上也可以找到很多资源。

关于审美、创造性思维，也都可以从阅读中获取。女儿在3岁多时就能创作出很丰富的绘画作品，素材都来自她读过的绘本。

二、让孩子成为孩子最好的玩具

这是多子女家庭专享的福利。女儿到了2岁多，就对哥哥所有的旧玩具表示好奇，也激发了哥哥的新兴趣。过去那些弃之不理的旧积木、旧玩偶，竟成了俩宝你争我抢的香饽饽。妹妹再大一些，两娃还可以互相配合着玩耍，比如一起画画、一起堆积木。或者，什么道具都不用，两娃你追我赶也欢乐。

如果暂时只有一宝，让孩子多结交一些小伙伴，让他们一起自在玩耍，不但省钱还省精力。

三、用不付门票的郊野游，代替高大上的长途旅游

大自然是最好的公园，也是最真实的博物馆。节假日期间，带孩子去一些免门票的郊野公园，获得的快乐，跟去那些昂贵的人造景观区域的效果是一样的，甚至可以收获更多。

偶尔的长途旅游也是必要的，但是不是一定要那么远呢？对于孩子，只要换一个环境，换一个空间，就能激发探索欲望。所以，原计划的巴厘岛改成青岛，飞机票改成火车票。孩子们都爱坐火车，过去时间不够，要快去快回。如今慢生活的好处是，虽然收入少了，却有足够多的时间陪孩子看一路的风景。

四、提高厨艺,减少外出就餐

带孩子出去吃东西,也是不小的一笔花费,关键是洋快餐还不健康。所以,宝妈决意提高烹饪水平,必要时让孩子一起参与,暑假时 DIY 的冰棍还颇受欢迎。

其实,养孩子的花费弹性极大,穷则穷养,富则富养。但有一项不能省,那就是父母的陪伴和关爱。既然经济不景气,不如索性放慢事业的脚步,花更多的时间在家庭和孩子身上,若干年以后,或许会发现"穷"养的孩子更茁壮呢。

如何管理好时间和精力,并保持持续的战斗力?

每个人一天都只有 24 小时,然而你却比别人多出 1 个或 2 个娃,如果不好好规划管理,生活很容易乱如麻。

怎么规划?其实就一个简单公式:可利用时间×效率=可做的事。

因此,如果你想多做事或多养娃,在外援不够的情况下,就需要增加"可利用时间"并提高"效率"。

先说怎么增加可利用时间,最简单的办法是压缩睡眠时间,比如,早起、晚睡。

俗话说:早起有三光,晚起有三慌。意思是:起得早,事情就能办得周详些,身体也有精神、有光彩;起得晚,时间不够用,办事自然马虎些,对身体亦无好处,每天慌慌张张。

究竟几点才算早?国外一个女性杂志做过访谈,记录的是一些事业有成的职场妈妈们的早晨时间表,共同特点是:在正式进入一天的工作状态前,要给自己三四个小时的时间去准备早餐、收拾房间、帮孩子洗漱、送孩子上学,有些起得更早的妈妈还会在清晨锻炼、洗澡、化妆以及阅读邮件。

这份杂志采访了 7 位事业有成的女性,她们的起床时间集中在:5:30—6:45,工作时间在 9:00—9:30 之间。

晚睡也是很多妈妈们的常见模式,只有娃睡了,才能安静地做自己的事,比如阅读、写作或者完成未尽的家务。

一般人能做到早起或晚睡中的一条,就能多出很多"有效时间"。但是许多妈妈(娃多、工作多)可能必须同时做到"晚睡早起",生活才能更从容一点。

牺牲了睡眠,精力怎么跟得上?

时间管理的第二要点是"提高工作效率",这个"效率"首先会跟"精力"挂钩。如果因为晚睡早起导致无精打采,迷迷瞪瞪,那就得不偿失了。

因此,我们还要学会管理精力。

精力的四个来源为体能、情感、意志、思维。

其中,"体能"位于精力金字塔的底端,是最重要的基础,提升体能除了吃和睡,还有两种途径:一是锻炼,二是高效的休息。

有研究报告指出,每周坚持 4 天以上的有氧运动(每次 40 分钟以上),可以提升体能,让你精神饱满,减少睡眠需求。许多成功人士、政要首脑,都有早起锻炼的习惯。用 1 小时的锻炼换 2 小时的睡眠,还能多赚 1 个小时的工作时间,而且身体、精神都更好。

很多妈妈表示没时间专门健身,以做家务替代行不行?判断标准有三点:是否全身都参与;是否具有连续性(至少 15 分钟);是否能让你心跳加速、发热出汗。

比如做饭,虽然时间够长,但只有上肢参与,就不能算健身。但是拖地这活,如果姿势节奏把握得好,也可以算成健身。如果将接孩子放学,买菜逛街,换成昂首挺胸快步走,走到后背都冒汗,也可以算有氧运动。

陪好动的娃玩"狼抓羊"游戏半小时,也会让你满头大汗,真是两全其美的有氧运动。

此外,学会碎片化休息也是提升精力的一种方式。

这里,华川推荐一种自己常用的"冥想"式休息法:闭上双眼,专注于自己的呼吸,吸气要深,呼出要慢,可以随着呼吸节奏默默数数:吸气——1、2、3、4、5;呼出——1、2、3、4、5。这样坚持5～10分钟,就能很好地重整大脑思绪,恢复部分精力。冥想需要经常练习,熟练以后可以达到"冥想5分钟等于深睡一小时"的境界。

这种冥想式休息可以见缝插针地进行,比如等孩子放学的时间,排队的时间,俩娃专心堆积木的时间,任何你感觉精力不济的时刻,都可以放松下来"冥想"一小会儿。

情感层面,多接触正能量的人和事,培养积极的情绪,对于生活、工作也很有益处。

意志层面,树立精神目标,认同自己所做事情的价值感,也能大大提升战斗力。

思维层面,培养思维逻辑性,注重做事的条理性,也可以大大提升效率。

这里,再重点介绍一种便于梳理思维逻辑,提升工作效率的重要"法宝",就是做日程计划,合理使用日程表。

孕傻常健忘,如果总有一些"忘记处理"的急事冒到眼前,就会让你的生活十分慌乱。你可以选择用纸和笔随时记录待办事项,但是找纸和笔这事本身需要时间,容易忘记。还好我们永远不会忘记的是手机,使用手机记事本,让每天要做的事显示在开机页,这样遗忘的概率就大大降低。

日程该怎么记录? 美国企业管理学者史蒂芬·柯维博士建

议把事情分成四类：① 重要又紧急的事；② 重要但不紧急的事；③ 不重要但是紧急的事；④ 不重要也不紧急的事。

比如，某天早上送大宝上学时，接到几天后开家长会的通知（重要但不紧急），回家抱着小宝边喂奶边打开手机，收到物业短信提醒充值电卡（重要但不紧急），你打算刷一下朋友圈（不重要也不紧急）再充值，发现一条标题惊悚的八卦，刚看完八卦，小宝吃饱闹着要你带他出去玩。等你推着小宝出去转半天，回家又接着忙一堆家务，充值的事早就忘到脑后。

某天晚上，娃在做作业，菜刚下锅，家里忽然断电，娃哭狗叫一顿忙乱，导致睡觉时间延后一小时。第二天早上大宝赖床，你也着急心慌，结果忘了当天要开的家长会……

我们一定要提前处理的是"重要但不紧急"的事。因为这些事情一旦拖延变成"紧急"，你的生活就塞满了重要又紧急的事，整天处于救火状态。

所以正确的做法是：看到电卡充值提示，只要手头有空，第一时间就把电充了，如果当下不方便，也该在第一时间记录在手机记事本，设置为优先待办；家长会的事也应当即写进日程表，最好设置提前一天显示（比如下周一的家长会，也可以提前几天写进日程，以便于提前规划）。

提高效率还有一个技巧，就是把你一天中精力最好的时间，用来啃最难啃的任务。这一点特别适合有工作的妈妈。比如我早上 10 点前精力最好，就会用来写作、设计课程，两小时后大脑疲惫，就换挡进行咨询答疑、处理邮件。久坐以后身体累了，就起身做家务调节一下。

至于看八卦、追网剧，这种既不重要也不紧急，更不需要费脑子的事情，如果占用了你精力最好的重要时段，那就真是可惜了。

关于老人带娃的"烦恼"

按理说亲生父母就该是孩子最亲的人,不过现在情况变了。

曾经有位二胎孕妈跟我诉苦:大宝女儿完全被老人"霸占":

"每次我陪女儿的时候,他们就会用好吃的好玩的把女儿从我身边支开。"

"外出也跟我抢女儿。"

"现在我怀上二宝了,他们更有理由分离我和女儿。"

"这世上真有妈妈在身边孩子却跟别人更亲的例子吗?"

"我每天都在痛苦中煎熬,恨不得连二宝都不要了!"

没过几天,又收到另一位妈妈的抱怨:

"名义上是婆婆在帮我看孩子,其实她根本就不用心。"

"我一下班,孩子就全甩到我一个人身上。"

"到了周末,她老人家就自己出去闲逛了,我要忙别的,孩子又缠着我,真的快崩溃了。"

我不由得深思:如果将这两家老人交换一下,宝妈们的心情会更好吗?那倒也未必。

妈妈群里一旦聊起老人带娃、婆媳关系,总是唾沫星子吐不完。

老人带孩子,真的是许多家庭"剪不断、理还乱"的烦恼根源。要说终极解决方案,只有三个字:"自己带"!

如果你觉得跟老人同住不习惯,你可以自己带;

如果你觉得老人不懂科学育儿,你可以自己带;

如果你觉得老人带的孩子跟自己不亲,你可以请老人退休回家,孩子自己带!

可是伴随而来的职场压力、生存压力、二胎压力，你能承担吗？如果没有那个担待，还是先摆好自己的心态。

不要总想着改造比自己年长几十岁的老人，其实改变自己效果来得更快。

先说与老人同住吧，你觉得诸多不习惯，老人也同样觉得。

再说育儿分歧，这不仅是两代人之间的思想差异，也是一个理论跟实践的差异。

科学育儿不是光看几篇网络文章就能做得到的，行为示范比打口水仗更有意义。

每个人看问题的角度都会有差异，就是夫妻双方，也难免存有分歧。若想一大家人和谐共处，只能求同存异，在坚持"安全和尊重"的底线之下，留一些灵活的空间。

真想全家统一思想，也不是没有办法。我的一位朋友瑞妈，给家里所有成年人报了一个家长培训班，课程结业，大家就很少为带孩子的问题争执了。

再说说孩子跟谁亲的问题。

亲子关系跟恋爱关系一样，强求不来的。

宝宝刚出生，最先一见钟情的肯定是母亲，因为母亲身上独有的气味、脉搏，都能跟孩子在子宫里的记忆重合。如果有一天孩子"移情别恋"，一定是有不得已的原因。

心理学家认为，孩子除了亲生母亲，还可能存在一个"心理母亲"。

所谓心理母亲，就是让孩子从心理上获得安全感、归属感的那个人，可能是母亲，也可能是养母、老人或者保姆。

真正决定孩子成长的，其实是孩子的"心理母亲"。

"心理母亲"若跟亲生母亲重合，这是最理想的状态。

"心理母亲"若变成了老人或者保姆,只要教育方法得当,孩子的成长也不会有太大的问题,这是退而求其次的第二选择。

真正有问题的,是第三种情况:孩子被置于一个没有关怀、不被管教,情感上受遗弃的状态,丧失了"心理母亲",沦为精神上的孤儿。这样的孩子,十有八九会出问题。刑事案件里那些变态杀人、自杀袭击、仇视社会的罪犯,多半出自这种家庭。

所以,如果你家孩子跟老人亲,不跟父母亲,证明孩子的心理还有所归属,还不是最坏的状态。

若想重新做回孩子的"心理母亲",让孩子跟自己亲,可以按照下面的思路,一步一步来。

首先,你不要嫉恨跟孩子亲的老人,更不要硬生生拆散孩子与他的"心理母亲"。

如果"亲生母亲"跟孩子的"心理母亲"仇视对立,会让孩子处于一种精神撕裂的状态,这对孩子的成长非常不利。

感情这个东西,是争不来,抢不来的,只能从与孩子相处的点滴时光里,慢慢酝酿。

我的好友琳琳妈,在一家跨国公司担任中层管理,每天非常忙。但是,只要她回到家,便全身心地"扑"到孩子身上。她坚持每天给 3 岁的女儿洗澡,边洗边聊两人在白天的日常;她坚持自己陪女儿睡,充分享受睡前阅读的温馨时光;在她出差去外地的日子,每晚也通过视频给女儿讲一个故事,然后隔着屏幕跟女儿道晚安。若论陪孩子的时间,琳琳妈不及琳琳奶奶的三分之一,但是琳琳妈在女儿心里的位置不可替代。所以对于上班族的妈妈,"抓住"了孩子的"洗澡时间"和"陪睡时间",你跟孩子的感情,就差不到哪里去。

当然也不排除文章开头那位孕妈提到的老人,刻意剥夺孩子跟母亲相处的机会。在这种情况下,大家应该坐在一起好好谈一下"分工合作"。老人总会要休息，不太可能 24 小时"封锁"你的孩子。周末时间，让宝爸带老人去某个度假景点休息放松一下，自己便能腾出时间好好享受亲子时光，记住，一定要认真"享受"！切不可在与孩子单独相处的时间，不停地向孩子表达怨念："你怎么这么不听话？全被你奶奶惯坏了！"

最好的方法，是在请老人来家里之前，就把"分工"商量好。明确宝爸宝妈是孩子教育的第一责任人，让老人成为主做家务，辅助育儿的第二责任人。

如果能提前处理好关系，几世同堂的家庭，对孩子的成长是有利的。

有一年暑假，我父母也来北京家里小住。其间外婆反复问 3 岁的女儿最喜欢谁，女儿每次都掰着手指头回答："我最喜欢爸爸、妈妈、哥哥、外公和外婆。"一个都没有漏。一个几岁的小孩，能跟这么多人建立亲密关系，能同时享受到来自父母、祖辈、兄长不同类型的疼爱，这也是她的福分吧！

读者倾诉：

5 岁那年我有了弟弟，妈妈把我放在老家，7 岁带我去城里上学，其实只有短短两年时间，但却影响了我一生。虽然外婆很爱我，可我还是想妈妈，天天晚上偷偷哭，还有人说妈妈不要我了，虽然是玩笑话，可是年幼的我信以为真。好不容易习惯了父母不在身边的日子，也和外婆建立了亲密关系，却被强行接到父母身边，再一次的亲情撕裂让我日日陷在对外婆的思念中，不愿和父母亲近，我一直都觉得自己才是这个家庭的闯入者，从那时起就没有再牵过他们的手，不是不想，是怕被拒绝。现在我也有了孩子，虽然理解父母当初的无奈，但却无法自然地和他们相处，甚至总是和妈妈起冲突，更不愿和任何人亲近，包括爱人，我们已经分居很久了，每晚躺在自己房间还要锁门，怕他进来。多年来，自卑、恐惧、排外的心理一直折磨着我，我没有办法和妈妈正常交流，这也是我不愿生二胎的真正原因。

夫妻育儿分歧如何处理？

临近半夜，读者 H 妈发给我长长一段留言，开头一句便是："我想离婚！恨不得明天就离！"

为什么呢？因为一把铅笔刀。

事情经过如下——

晚饭后，H 爸催刚上小学的儿子小 H 做作业，小 H 磨蹭了半天，才摆开书本，然后发现铅笔钝了，写不出来。H 爸继续催儿子削铅笔，结果铅笔刀又找不着。H 爸就火了，骂儿子丢三落四，就是成心不想写作业！孩子被骂得木头木脑的，来回翻找铅笔刀，一不小心撞翻了水杯，水正好洒在书本上，作业完全写不成了！H 爸劈头盖脸打了儿子几巴掌，骂他是无用蠢材！

见老公粗暴打孩子，H 妈也火了，跟 H 爸对吵起来。H 妈经常学习育儿知识，反对打骂孩子，并拿出"尺有所短、寸有所长"的先天基因论来驳斥老公，H 爸则借势怪 H 妈基因太差，才生出这么个笨儿子。H 妈深受伤害，一边抚慰哭泣的儿子，一边跟 H 爸表示，你要嫌弃儿子就把儿子给我，咱俩离婚！

对于"孩子找不到铅笔刀"这种小事故，我太有共鸣了。家有小学生，尤其是男孩，丢三落四，找不到文具，那是再正常不过的事了。每天儿子学校的家长群里都贴出各种"寻物启事"或"招领启事"，今天张三拿走了李四的语文书，明天王五的笔袋出现在小六的书包里。

把如此一件鸡毛蒜皮的小事无限放大到离婚的后果，H爸的坏脾气负首要责任。但我猜测，夫妻俩之前在对待孩子的教育问题上，一定分歧颇多，积怨很深。

因为育儿分歧导致夫妻反目的并不少见，好莱坞大牌明星朱莉和皮特就因为孩子的教育问题而离婚了。

北京市西城区教委还做过一个调查，有50％的夫妻表示在对待孩子教育的问题上存在分歧。而另外50％没有分歧的夫妻是怎么做的呢？大概率是一方做了"甩手掌柜"。

有专家专门总结了夫妻存在育儿分歧的原因：

（1）夫妻之间本身感情不和，不自觉地把对立情绪转嫁到孩子身上。

问题的关键不是孩子，而是一段错误的婚姻关系。或者说在生孩子以前，夫妻关系也很糟糕。有很多研究证据表明，相比单亲家庭，伤害孩子更多的是不和谐的婚姻。

（2）夫妻双方都不懂家庭教育，教孩子全都依个性、靠心情。

一个严谨、细致的家长对孩子要求会很严苛；一个粗心、随意的家长又可能过度放纵孩子；一方高兴起来就宠孩子；一方心情不好就骂孩子……总之，一个没有教育原则的家庭，会让孩子无所适从，处于精神分裂的边缘。因此，夫妻双方通过良性沟通，共同学习，找到一个折中的教育方式，是非常必要的。

（3）夫妻双方有一方懂教育，但是另外一方不懂，常把一方的努力抵消。

这一条估计大多数妈妈都会对号入座。为了养好孩子，哪个妈妈不爱学习？看育儿书，读公众号，听专家课，连朋友间拉个家常，也全都是围绕着孩子。

而男人的兴趣点或者大脑结构跟女人似乎不同，关注的要么是政治财经，要么是汽车、运动。因此，男人不仅是忙于工作，就

/ 温和而坚定地养儿育女——二胎妈妈正面管教践行记 /

连日常碎片化的时间,也不怎么学习育儿知识。

正如 H 妈所抱怨的,自己努力践行温和而坚定的育儿理念,全被 H 爸的粗暴抵消。

养孩子是一场修行,还必须夫妻双方一起进修,在此提几点建议,供诸位家长参考。

(1)永远不要停止学习。如果夫妻双方节奏不同,有条件的就先学起来,先学的带动后学的,最终实现共同学习、共同进步。

(2)夫妻俩划分好责任范围。比如,一个管大宝,一个管小宝;一个管平时,一个管周末;一个管学习,一个管生活。

(3)尽量不要当着孩子的面争吵,不要在同一时间用不同的方法教孩子。

(4)面对教育问题争执不下时,夫妻一方先让步(或轮流让步),谁固执谁先教,对方教不好我再教。

再回头说说"铅笔刀事件"。

关于孩子丢三落四这个毛病,的确不那么好治,为此我曾专门写邮件向我的美国导师琳·洛特求教,导师给我的答复有两个要点:"不要奢望孩子一次性变得完美,先教孩子一点一点改进,如果教不会,陪孩子一起做。""专注于解决问题,而不是发泄情绪。"

现在,咱们再按正面管教的思路来解决"铅笔刀事件":

孩子做作业时找不到铅笔刀了。

家长关注的重点:当下应该解决的问题是什么? 答案很明确:找到铅笔刀让孩子尽快写作业。

吼骂孩子有助于孩子找到铅笔刀吗? 显然不能。

家长可以怎么做呢?

提醒孩子一些寻找铅笔刀的线索;帮孩子一起找;实在找不到,用水果刀帮孩子削铅笔,先完成作业再说。

H 爸一定会反驳：对孩子这么温柔，下次肯定还丢！

但是，对孩子不温柔，就一定可以防丢吗？

孩子也不是故意想丢东西。只是孩子能力有限，不知道怎么做才能防丢。孩子最需要的，不是打骂，而是帮助。

你可以跟孩子一起讨论，东西应该怎么收拾；你可以教孩子将用品合理归类；还可以让孩子用笔记录下每样用品的归宿；……………

如果孩子故意弄丢，也不必打骂，让孩子承担学习不便利的自然后果，或者用零花钱承担损失。

总之，无论是面对夫妻分歧还是育儿难题，情绪化的吼骂责罚，对于解决问题没有任何帮助，只会让事情变得更糟，到最后无法收场。

我们只需记住一条：专注于解决问题！

请不要随便指责一位母亲

——谨以此文献给母亲以外的其他人

女人最大的哀怨，莫过于跟小奶娃纠缠一天筋疲力尽时，晚归的那个男人，开门第一句话就是"瞧你怎么带的孩子？"都说生孩子的头两年是婚姻最难的时刻，这话果真不假，就在昨天，我的又一位读者朋友，在生完孩子 6 个月后，跟丈夫离婚了。

"我可以忍受为孩子牺牲自我，却不能容忍袖手旁观的人没完没了地指责！"刚离婚的晨妈如是说。

除了让人心寒的老公，晨妈家还住着一位"刀子嘴、豆腐心"的老人，无时无刻不在给这位新手妈妈制造压力，从坐月子起开始——当时晨妈正因母乳喂养失败备感沮丧，婆婆来一句:"白长那么大的胸居然没奶,肯定是西餐吃多了,早说你们也不听!"

孩子出生时都没有自带使用说明书,初为母亲总是如履薄冰,对别人的指责也格外敏感,连亲妈也不例外:晴儿妈在微信里跟我倾诉,2岁的晴儿十分胆怯害羞,晴儿姥姥觉得是在城里被娇养了,坚持要带到乡下历练历练。

华川如今自带俩娃,心境算是修炼得不错,不过偶尔也遭遇邻家大妈的"善意批评"。女儿很喜欢穿某一条裙子,我便把同款的买了两条,每天轮换着穿。楼上遛孩子的大妈便发话了:"天气热了孩子最好每天洗澡换衣,不然滋生细菌容易生病。"

其实老人也好,大妈也罢,年龄差距和时代隔膜都是客观存在。还有另一种"恶评",来自同为宝妈的同一代人,更叫人心里别是一番滋味。

在网上看到一篇文章记录了孩子断奶的坎坷经历,特别感同身受,而后跳出一条网友留言:"断奶哪有那么夸张?我女儿3天就自然断奶了。你儿子肯定是缺乏安全感,你陪他是不是太少?"

生完二胎后,感觉自己最大的提升就是更宽容了,能够接受差异了。因为自己的一儿一女,各方面表现都不一样,无论断奶、哄睡,还是学步、说话,都经历了完全不同的流程。在教育方面,我也是依据他们的性情差异,采取不同的方法。

因此,特别奉劝那些有幸养育过"乖宝宝"的家长和老人,不要以自己的教养方式为模范,去衡量或指责其他人。

尤其是那些做"甩手掌柜"的孩子爸,更不要以"别人家的孩子"为由头,斥责自家含辛茹苦的孩子妈。

因为,越来越多的科学研究表明,人类生理上和性情上的差异是天生注定的,尤其是5岁以下的孩子,更多地展示的是他的原始性情,后天的塑造,显效会很慢很慢。

美国心理学家翟斯和汤玛斯对儿童的先天性情进行了研究，发觉每个孩子的性情可以分为 9 个方面，在 9 个方面的不同表现构建了每个孩子独一无二的性格。

这些研究一方面是让父母找到更多"因材施教"的养育方法；另一方面，就是想阻止人们因为孩子的性格而指责母亲的社会倾向。

下面，就跟大家分享一下心理学研究中对于孩子 9 种性情的描述。

1. 活跃水平

活跃水平是指一个孩子活跃期和不活跃期所占的比例。例如，一个高度活跃的婴儿在澡盆里可能会又踢又拍，溅出很多水，给大人增加擦地的工作量。而一个低度活跃的婴儿可能会愉快地、安静地享受被温水浸泡的感觉。

2. 规律性

规律性指的是生理功能的不可预见性。比如饥饿、睡眠及排便。一个婴儿可能每天早餐后都要立即排便，而另一个婴儿似乎每天排便的时间都不一样。一个婴儿每天在固定的时间午睡，而另一个婴儿，每一次哄睡都充满了变数。

3. 初始反应

初始反应指的是孩子对新事物、新情形的反应方式。有些孩子对任何新体验——新食物、新玩具、陌生人等，都愉快接纳。而有些孩子看到不熟悉的人或环境，会害怕、退缩——这只是孩子先天性情的一种，需要家长的宽容和接纳，需要家长有更多耐心来引导。

4. 适应能力

适应能力与初始反应是有重叠的，描述的是一个孩子随着时间推移对一种新环境如何做出反应——即适应和改变的能力。有些孩子能很快适应幼儿园的生活,而有些孩子可能会哭闹、对抗很久。

5. 感觉阈值

有些孩子只要听到说话声就会醒来,有些孩子在雷雨天也能睡得很好。每个人对感官输入(触觉、味觉、视觉、嗅觉、听觉)的敏感度不一样。如果一个孩子对刺激比较敏感,在拥挤、嘈杂的地方就会紧张或易怒。不那么敏感的孩子则愿意尝试新的体验,也可能是让家长紧张的探险家。

6. 心理素质

有些宝宝对这个世界总是眉开眼笑,而有些孩子非常敏感,一句玩笑,就会把他惹哭。一个总是紧皱着眉头、不开朗的男孩,并不总是由于他父母不恰当的养育方式所致,有一天,这个孩子会长成一个严肃的不爱笑的大人,但他仍然可以成为一个有爱心的父亲和儿子。

7. 反应强度

反应强度与心理素质有所重叠。孩子对发生在自己周围的事情会有不同的反应。一个正在吃奶的孩子听到手机铃声,有些会停下来寻找声源,有些则毫无所动继续吮吸。有些孩子心情完全写在脸上,"笑点"和"泪点"都很低,有些则很少对外界事情做出反应,需要鼓励才能参与到互动中去。

8. 分心程度

分心程度可以理解为"注意力被分散转移的难度"。学步期的孩子很容易被转移注意力,当他想要玩你的手机时,你递他一个毛绒玩具也可以。有些孩子则不然,你给他讲了很多故事来转移他对糖果的注意力,当他听完故事后依然还要吃糖。

9.毅力和注意力的持续时间

毅力和注意力的持续时间与分心程度有重叠。一个 3 岁女孩可以独自玩洋娃娃 20 分钟,另一个孩子在 10 分钟不到的时间已经玩了 10 种玩具。通常认为注意力持续时间长就是好的性情,其实也不然,一个注意力时间短的孩子可能会成长为一名体育实况解说员,他的敏捷可以使他跟上瞬息万变的局势。

谁能最先理解并掌握孩子这些独一无二的性情?自然是最亲近的抚养人,多数情况下就是母亲。

事实上,母亲对孩子性情的理解,是从十月怀胎就开始的,每个孩子的活跃程度从胎动就开始体现出来了。

等孩子生出来,母子依然犹如连体。多数时间,孩子就被母亲拥抱在怀里,吃奶、睡觉,彼此凝望。母亲感受孩子的呼吸、心跳,轻轻抚摸他的头发、肌肤。即便是万籁俱寂的深夜,孩子一个梦魇、一声咳嗽,也能激起母亲本能的清醒。试问有谁,能比母亲与孩子距离更近?

第一声哭,第一次笑,第一次自主进餐,第一次发脾气打滚——宝宝眉宇间丰富生动的表情,谁能像母亲一样记忆犹新?

作为母亲,当我们真正了解孩子的性情之后,就能理解和接纳孩子的不同个性,并找到线索引导孩子发挥不同的潜能,而不是按照某种固定模式去塑造"完美宝宝"。

作为抚养人以外的亲朋好友,或者路人甲、路人乙,当你看到一位母亲在以她自己独到的方式养育孩子时,只要这种方式没有伤害到谁,请接纳、理解,并保持沉默。因为,育儿是一件非常"私密"的事,没有哪一个人,会比亲自抚养孩子的母亲,更了解自己的孩子,更知道自己需要做什么。

最后,我以杨绛先生的自传记《我们仨》里面的一段话作为结尾,当你想斥责一位母亲时,希望你能想起这位"母亲"的话——"我以为肚里怀个孩子,可以不予理睬。但怀了孩子,方知我得把全身最精粹的一切贡献给这个新生命,在低等生物,孩子的长成意味着母体的消灭,我没有被消灭,只是打了七折。"

【科学育儿】

宝宝大脑发育的秘密

女儿一周岁时,我带她参加同龄宝宝凡凡家的一个宴会,一进凡凡家,就像到了一个奇幻乐园:房间里飘着各种造型的氢气球,天花板上闪烁着月亮和星星,壁柜上一排一排的各色玩偶,地板上各种电动装置跑个不停。孩子们正兴奋着,凡凡妈妈又拿出一个智能机器人玩具,说这是美国专利,对于刺激宝宝的大脑发育非常有益。

这个周岁宴会,变成了一场益智玩具研讨会。

谁不想自己的孩子更聪明呢?

我见过太多的家长,就像凡凡妈妈一样,为了孩子的成长而不惜重金。

那么孩子的大脑发育,究竟有怎样的规律?

孩子出生时大脑并不是一张白纸,"婴儿会思考、观察并推理,他们也会考虑证据,做试验,解决问题,并且寻找真相"。(爱利森·戈波尼克)孩子的大脑还有着惊人的学习能力,而且在早期(0~3 岁)有很多重要的学习机会(如视觉和语言),错过了时机,以后再获得这些能力会很困难。

也有研究表明：孩子出生时，大脑的整体结构就差不多发育完成了，在出生的头3年里，环境往这个"结构"里填充什么样的信息，建立什么样的"联结"，将决定孩子的思维特质。

到3岁时，孩子的大脑"联结"数量超过一千万亿个——相当于其父母的两倍。到了大约10岁时，孩子的大脑开始进行"修剪"，那些未被充分利用的突触将被删减掉。这就意味着孩子的大脑功能是"用则进，不用则废"。

有些孩子天生聪明吗？是的。在各类基因研究结论里，孩子的智商受遗传影响很大。但是，人类的大脑也有很强的适应性，基因和环境共同决定孩子发展成什么样的一个人，正如教育心理学家简·M.希利所说："大脑塑造行为，而行为又塑造大脑。"

所以，无论你家孩子的先天禀赋如何，家长的后天努力，都会发生极其重要的作用，尤其是孩子出生的最初3年里，是孩子大脑健康发育的关键期！

问题是，该如何充分开发孩子的大脑？

那些前沿的高科技益智玩具，譬如凡凡家的智能机器人，对孩子的智商发育效果更好吗？

很遗憾，直到目前，还没有研究证明，哪种玩具或科技能对孩子的智商发育更有用。孩子究竟是玩泥巴好，还是玩机器人更好，没有定论。

心理学家简·尼尔森认为：孩子的成长和发展真正需要的是与关爱他们的大人从容不迫地共度时光。

是的，我们不需要孩子成为科学家，也没必要买奢侈的玩具，每一个普通平凡的父母，都能以自己最本能的方式，让孩子生长发育得更好。在简·尼尔森与谢丽尔·欧文等人合著的《0～3岁孩子的正面管教》里，提出了以下几种促进孩子大脑发育的方法。

1. 积极的回应以建立信任

在孩子哭的时候,把他抱在怀里,给他提供食物、水或干净的尿布;在孩子蹬着胳膊、腿,渴望父母给予微笑时,在孩子兴高采烈地欢腾时,陪他一起鼓掌一起欢笑。这种"积极回应"可以建立父母与孩子之间信任的情感联结,并且被大脑研究人员称为"接轨沟通",是大脑早期发育最重要的构成要素之一,也是父母首要的养育任务之一。

2. 触摸、说话

研究表明,经常得到爱抚和拥抱的孩子往往较少烦躁,体重增加得也更快。在很多孩子烦躁不安的时候,给他一个拥抱,孩子的情绪和大脑很快便能复原。"说话"也很重要,许多妈妈会情不自禁地对一个孩子温柔低语,也时不时跟不会说话的孩子交谈。

孩子能否听懂并不重要,但是这些"交谈"刺激着孩子大脑中负责说话和语言能力发展的部分。

另外,婴儿期和学步期的孩子是通过大量的"重复"来学习的,你可能无法忍受孩子让你反复读一本图画书,但你要意识到,你这样做正在塑造一个健康的大脑。

3. 音乐和歌唱

科研证实:音乐对发育中的大脑也有强烈的影响。孩子的心率和脑电波会随着音乐的节拍变慢或变快。选什么音乐最好呢?莫扎特或者儿歌,都可以激发孩子的创造性。最好的音乐可能是由你嘴里唱出来的歌声,音乐和爱会一起传到孩子的耳朵里。德国天才卡尔·威特的母亲也有一副美妙的歌喉,并从怀孕期就给孩子唱歌听。

音乐还能使人放松,一首睡前催眠曲可以让孩子愉快入睡,而睡眠,也是孩子大脑发育的关键。

4.让孩子自由玩耍，或陪他一起玩

婴儿期和学步期的孩子正在形成"大脑"与"行动"之间的关键联结，所以孩子需要活动，需要奔跑，需要了解物品的质地，需要自己感受重力——总之，玩耍，就是孩子最重要的工作，对孩子大脑的发展最有益。而且这种玩耍，是不能被电子屏幕前耗费的时光所替代的。

玩具本身其实无关紧要。对于3岁以内的孩子，传统简单的玩具往往有更好的益智作用。给大家列一个小清单：

(1)拨浪鼓。拿个拨浪鼓在孩子面前摇一下，然后递给孩子摇，听它发出的声音。

(2)黏土和沙子，让孩子感受不同的材质，了解固体、黏性、流动这些基本概念。

(3)积木。孩子在建造过程中开始对"结构"进行探索。

(4)打水仗或在泥巴里玩，就像 *Peppa Pig* 里面姐弟俩那样，雨天后穿着雨靴踩踩泥坑。

(5)可以装扮布娃娃，配上几件衣服，培养宝宝对身体的认知和简单的审美。

(6)锅碗瓢盆，或者能让孩子自己动手"制造"声音的东西，这可比自带警笛的电动玩具要益智很多。

最好的"益智玩具"，可能就是家长自己。妈妈陪着孩子一起把沙发垫子搭成城堡；爸爸趴在地上让孩子"骑马"；奶奶或姥姥牵着孩子无数次的上下台阶或走楼梯；如果孩子有兄弟姐妹，就让他们一起玩耍……这样的玩耍，在刺激孩子大脑发育的同时，还能建立爱的情感联结，谁说不是最好的"益智"活动呢？这远比家长开几十分钟车带着孩子奔波上各种早教课要有益得多！

总之，孩子在与真实的人的互动中，才能学得最好。

抱睡就抱睡，不必跟娃较这个劲

一位新手妈妈向我咨询：2个月的宝宝睡眠不安稳，抱着就睡，放下就醒，十分苦恼。

华川自家俩宝也都经历过抱睡，因此，关于"抱睡"的功课，可真没少做，特意整理成文，供有需要的妈妈参考。

"抱睡"情况多发生在0～3个月的宝宝身上。除了少数感觉阈值较高的宝宝，大部分宝宝都会经历这么一段时期。主要原因是宝宝离开"居住"了9个多月的舒适子宫，对外界环境没有足够适应。而妈妈的怀抱比较接近宝宝在子宫里的状态，被环抱，有温度，宝宝更有安全感。

从"抱"到"放下"，就仿佛再一次离开子宫，敏感的宝宝会感觉到巨大的变化，因此就有了惊跳反应。要解决"抱睡"问题，就得从问题的根源——"抱"与"不抱"的变化说起。

1. 温度的变化

被抱着的宝宝，能感受到大人的体温，而一旦被放到冰冷的床上，宝宝体察到温度的变化，就容易惊醒。

对策：在抱着哄睡时，给宝宝裹一条毯子，缓冲一下宝宝对妈妈体温的敏感度，放下时连着毯子一起放，不至于温度变化太大。

2. 姿势的变化

宝宝被抱着时有类似子宫的围合感，让宝宝感觉更安全。放到床上则一下子松散无依。

对策：对于3个月以内宝宝使用襁褓和包巾非常重要。至于包巾的使用，也有讲究：将宝宝的身体尽量包裹得紧实些，不至于因为翻身而松动，同时双腿有一定的活动度，不要采用"蜡烛包"。

包巾可以自己制作（1.2米见方的棉布），也可以在网上购买。

3.声音的变化

宝宝的听觉在胎儿时候就开始发育了,因此能分辨妈妈的心跳甚至呼吸声。被抱着的时候,妈妈身体的各种声音(呼吸、心跳等)类似于白噪音,有催眠作用,所以宝宝睡得安稳。如果将宝宝独自放置于一个过于安静的环境,反而容易惊醒。

对策:使用白噪音催眠。

噪音无处不在,世上没有绝对的安静。宝宝之所以被吵醒,并不是因为声音的存在,而是因为突然变化的声音。而白噪音,是指一段声音中的频率分量的功率在整个可听范围(0~20千赫兹)内都是均匀的,就像是一道白色的布幔可以遮盖刺眼的色彩,它可以遮盖或缓解那些频率杂乱的声音。

有科学家研究得出,宝宝在子宫里时,能听到水流(羊水)的声音,以及母体心跳、脉搏的声音,这些声音混合成一种特有的白噪音,让宝宝在子宫内安稳入睡。

宝宝出生以后,给他模拟一个类似子宫的环境,比如使用包巾让他感受到被围裹的状态,使用白噪音模拟子宫里的声音,都可以增强宝宝的安全感,让他安稳入睡。

那么如何获取白噪音呢?

首先,可以人工制造。有位美国爸爸在视频里演示了神奇的一幕:朝怀里几个月大的宝宝耳边不停地"嘘嘘",不到5分钟,原本神采奕奕的宝宝就睡眼迷离。所以,当你在抱着宝宝哄睡的过程中,不妨把嘴巴对着宝宝的耳朵轻声地"嘘嘘"。

其次,白噪音可以用工具制造。电风扇运转的声音、吹风机吹风的声音,以及收音机里的杂音,都是可以利用的白噪音。但是利用工具时需要特别谨慎,音量太大(70赫兹以上)会导致宝宝听力损伤,吹风机离宝宝太近容易造成烫伤,不热的天气长期吹风扇也会导致着凉。

直接使用电子产品播放白噪音，是最方便的选择。通过手机、电脑音箱或者早教机播放合适的白噪音，是比较安全可控的。甚至已经有专门的白噪音 App 可以下载到手机里。自己录制一些来自大自然的声音，比如雨声、流水声，再播放给宝宝听，也是不错的选择。产自美国的睡眠机，播放的白噪音也都是录制的大自然的声音。

用白噪音哄睡必须事先排除饥渴、身体不适等因素，而且在宝宝开始闹觉的时候使用，效果才明显。当然宝宝精神好的时候，也可以播放当背景音乐，没任何副作用。

4.气味的变化

每个人身体都有独特的气味，尤其是妈妈的奶香味，对宝宝绝对有安神的功效。我生完二宝坐月子期间，虽然请了月嫂，但是晚上二宝睡觉依然离不开我的怀抱，哪怕是在黑暗里，月嫂阿姨接过去二宝就哭醒。唯一能解释的就是"气味"了。

这样的敏感宝宝，不仅要抱睡，而且必须是妈妈抱。可是现在我回想起来，真是一个温柔的负担，让人无比怀念呢。

对策:如果不想被宝宝过度依恋，让更多的人参与育儿吧。

如果解决了以上 4 个变化，最后一项就是"放下宝宝"的动作了:动作要绝对轻柔。放开宝宝之前，注意两只手的位置，一只手移到膝盖处，另一只手移到宝宝上半身离脖子很近的位置。放下宝宝时，让宝宝屁股先着地，然后是身体，最后将宝宝脖子后面的手轻轻抽开。

方法都讲完了。宝宝的"抱睡"就能解决了吗?

很遗憾，有那么一部分高需求宝宝，在某段特定的时间，无论如何都是要抱睡的。

那就不如踏踏实实地抱着娃睡吧。找一个柔软的沙发或者床角歪着，宝宝睡，自己也跟着睡。或者一边欣赏宝宝的睡眠表情,一边刷刷手机,追追热播剧,时间也就不那么难熬了。

　　当然抱孩子太久不动,手脚会麻。这时候建议你抱着宝宝走走路、散散步,转转脖子,看看风景。

　　如果你偏不甘心,也可以抱着娃,检验所有"放睡"的窍门。就像我当年那样,看着娃已睡得十分安稳,轻轻放手,先落定屁股,再放缓身体,最后抽出小脑袋瓜后面的手,宝宝似乎没醒,用枕头塞住一侧身体,检查一下包巾。然后轻手轻脚离开婴儿床,像做贼似的钻进厕所,刚解开裤子,娃就哇哇地哭了……

　　昨天我回访了一位曾向我咨询"抱睡"问题的妈妈:"娃现在可好? 还需要抱睡吗?"

　　"什么抱睡? 哦,早就没有了。"

　　"问题是怎么解决的? 什么时候解决的?"

　　"不记得了。"

　　如果有人问我当年如何解决"抱睡"问题,我的回答也是忘了。似乎在某个不经意的时刻,娃就能自己安稳睡了。

　　回头再看,那个短暂的"抱睡"期,可能是宝宝此生最依赖我的时刻,相对于此后漫长的育儿时光,真的就是昙花一现。现在回想起来,只是暖暖的怀念。

　　所以,正在抱睡宝宝的妈妈们,不要焦虑,不要跟宝宝较劲,跟自己较劲。好好享受跟宝宝紧密相依的温柔时光吧。时光荏苒,转眼之间,你的孩子就撒手跑远,再也不需要你抱了。

孩子不肯吃饭怎么办?

　　孩子吃饭难的问题,我也曾遭遇过。

　　先把镜头切换到若干年前,还是姥姥当家时的场景:

　　早餐时间,3 岁的儿子被千呼万唤地叫上桌来,只瞟了一眼,就噘着嘴说:"我不吃粥,我什么都不想吃!"

　　姥姥说:"吃粥好消化,也有营养,吃了就能长高高。"

　　"粥没味道,我就是不喜欢。"

　　"要不,我给你放一点点糖,甜甜的就好吃了。"姥姥连忙跑到厨房,小心翼翼地往米粥里撒了点白糖,边走边搅拌着端出来,儿子尝了一口,说:"还是不好吃!"

　　"乖孙子,你到底想吃什么呢?"姥姥耐心地问。

　　儿子转了下眼珠,说:"我想吃蛋炒饭。"

　　"好好好,我这就去给你做蛋炒饭。"姥姥放下碗筷,打开冰箱找鸡蛋。十分钟后,蛋炒饭端上桌,儿子刚吃没两口,忽然听到电视里蹦出的广告:"好丽友,好朋友。"扔下碗筷就叫:"我要吃好丽友,我要吃好丽友。"

　　爸爸看不下去了,厉声一吼:"什么都别吃,饿着去!"儿子委屈地哭了,姥姥赶紧来哄,不大一会儿,好丽友就捧到嘴边。

　　为了解决孩子吃饭难的问题,我也搜罗了大量经验。我从一些国外的文章看到,如果孩子不好好吃饭,就让他饿着,只要饿一次得了教训,下次一定就会乖乖就范。

　　面对不肯吃饭的孩子,我很开明地对他说:"不吃就一边儿去,但是不许跟妈妈说饿,你只能等下一顿饭。"

　　事实情况是,孩子永远不会被饿着。冰箱里有酸奶和面包,壁橱里搁着丹麦皇冠曲奇,床头柜下面的抽屉里藏着甜甜圈,再不济,也有敞开了放的水果,等等。最重要的是,家里还有一个宠爱孩子的老人,因此,"饥饿"法完全失效。

　　两年后,姥姥回老家陪姥爷享受退休生活,我辞职专心调教孩子,发现孩子吃饭的规律确实不好掌握。有时候我早早用心做好了饭,孩子实在不饿没胃口;有时候孩子说饿时我才行动,等我心急火燎地整出两菜一汤,孩子已经自己找东西填饱了肚子。

　　归根到底,孩子不肯吃饭,主要原因就是两个字"不饿",再说全面点就是:家里吃饭的那一刻,孩子不饿。孩子的肠胃节奏,跟成人不一致。

　　问题是该如何调整,以成人的节奏为准,还是以孩子的节奏为准?

　　这就跟"按需喂养"和"按时喂养"哪个更合理一样,颇具争议。

　　首先,我们要承认孩子跟成人存在着生理差异。孩子刚出生时,不到两小时就要吃一次奶,一天要进食十几次,哪怕被"训练"过的大一些的孩子,每天也要进食五六次。到了3岁以上,孩子可以入园入托了,情形又该如何?我曾研究过好几个国家幼儿园的饮食作息表,除了每日三餐以外,分别在上午10:00以及下午2:30左右,还有两次水果茶点加餐。来看看日本儿科专家松田道雄给一个3~4岁的儿童制定的饮食标准:

　　7:30　　起床

　　8:00　　面包一块、牛奶200毫升,然后吃奶油20克左右

　　10:00　　饼干、水果

　　12:00　　米饭一碗、鱼(大体与成人同量)

　　14:30　　小面包1个、牛奶200毫升

　　18:00　　米饭一碗、鸡蛋1个或肉、蔬菜(成人的2/3)、水果

　　因此,家有学龄前儿童,备有一些水果零食作为正餐外的补充,也是有必要的。问题是这个"一日五餐"的节奏该如何把握?怎样才能避免"下午茶"占据正餐的档位?

　　下面,就介绍一下培养儿童健康饮食习惯的基本规矩:

（1）严格限定"辅食"跟"正餐"的地位和次序。

每天最多供应两次辅食，"上午茶"只能在早餐后，"下午茶"只能在午餐后。即，在孩子吃正餐之前，不允许接触零食。

（2）让孩子养成与家人共同进餐的习惯。

到了正餐时间，孩子如果表示不饿，也要一起上桌。可以只给极少的饭和菜，但务必让孩子养成跟家人共同进餐的习惯。

（3）培养孩子的吃饭专注力。

就餐时，关掉电视，收走 iPad 和玩具，让孩子把注意力集中到餐桌上。

（4）跟孩子一起制定菜单。

对于口味挑剔的孩子，可以让他对菜单提意见。不要仅凭大人的口味，也不必全部遵照孩子的饮食习惯，一家人应该彼此适应。菜品不一定要多丰富，蔬菜至少提供两种。

如果已经做好了以上准备，孩子仍然"我不吃"，怎么办？

镜头切换到几年后，华川家里一个日常的晚餐时间。正在播放的动画片被关掉，孩子们恋恋不舍地走到桌边。

儿子胃口挑剔，通常瞟一眼饭桌，如果发现没有他喜欢的鸡腿或香肠，就会说"我不饿"。因他在学校吃过午饭，有时候吃得太饱，是真不饿。我会平静地说："不饿就不必吃了，但是不能吃零食，下一顿只能等到明天早上。"儿子已经有了思考能力，他权衡利弊盘桓一会儿，一般还是会坐过来，多多少少吃一点儿。

更年幼的女儿则是另一种情况，她说"我不吃"时一般不会去考虑后果。这时候，我先要判断女儿说"不吃"后面隐藏的原因。

（1）开饭前不久吃了很多零食或其他东西，完全不饿。

(2)有一点饿,但有限的食欲敌不过对玩具或其他东西的兴趣。

有时候哥哥出来"检举"说:妹妹刚才一直在吃茶几上的蛋卷,吃完蛋卷还吃了一根香蕉。——这就是真的不饿。我赶紧把敞着放的零食收好,然后尊重女儿的"不吃",让她离开餐桌去玩积木。

有时候,经过调查,知道女儿是第2种情况,我会努力"诱导"一下,比如,刚读过的绘本里面,"那个不爱好好吃饭的丽丽,个子总是长不高,还容易摔跤,多可怜啊"。女儿就懂事地开始吃起来。

女儿经常会在肚子不太饱的情况下也坚决不吃,甚至任性地从餐椅上挣脱下来,这时候我只能说:"好的,你玩去吧,不过,所有的零食都不许吃,一直要等到下一顿。"

没有等到下一顿,女儿饿了,找我要零食,我蹲下身来告诉女儿:"你还记得我们的规矩吗?如果没有吃饭,就不许吃零食的。"

"那我先吃一点点饭,你再给我拿蛋卷吧。"女儿恳求。

"可是,中饭已经吃完了,没有饭了,晚饭还没有做好。"

"我饿了,我就要吃……"女儿有失控的迹象。

"妈妈实在帮不了你。要不你先哭一会儿?或者去玩一会儿积木,等晚饭做好了我来叫你。"

我平静地离开,去了厨房。女儿哭了几声,似乎觉得没什么意思,就停了下来。等我出来偷瞧时,她正在拨弄自己的洋娃娃。

这次"挨饿"的经历,对于母女俩都是记忆深刻的。以后但凡正餐时女儿说不吃,我会提醒她:还记得上次没吃饭饿肚子的事吗?妞妞好可怜啊……

从此以后,女儿的吃饭问题就基本解决了。

请尊重孩子的偏食

家长们聚到一起,讨论最多的话题,除了教育,就是孩子的饮食问题了。并且,从妈妈们的口中听来,几乎所有的孩子都有一个通病,那就是"偏食"。

"我们家孩子从来不吃西红柿。"

"我们家宝宝看见胡萝卜就皱眉头。"

…………

妈妈们所说的"孩子偏食",是指孩子不吃葱、西红柿、黄瓜、茄子、萝卜、胡萝卜或是不吃鸡肉这类事。总之,就是孩子不是什么都吃。

而在营养学上所说的偏食往往是另一回事。营养学上的偏食,是说孩子摄取不到维生素 C、维生素 B1、维生素 A 及含有必需氨基酸的动物蛋白。这种偏食会导致某些营养摄入不足或过剩,影响孩子的生长发育和身体健康。比如,维生素 A 的缺乏会得夜盲症,维生素 D 的缺乏就会得软骨病。孩子个子长得慢、免疫力降低、容易便秘、易患口角炎,也可能跟营养性的偏食有关。据调查,中国 6 个月～6 岁的儿童中,出现营养性偏食的比例为 30％。而 90％的人,包括成人,都存在一定的饮食偏好。

一大家人聚餐,餐桌上摆满了青椒、紫菜、鸡腿、鱿鱼、蘑菇、芥蓝……先看看爸爸的吃法,他一定会把筷子伸向最喜爱的那道菜,而且吃得会比较多,其他菜他也会吃一些,但是,一桌子菜个个都爱,全部等量进食是不太可能的。

轮到孩子,当他大快朵颐地啃鸡腿时,妈妈就担忧地说:"别吃太多肉,多吃蔬菜。"爸爸会把芥蓝挑到孩子碗里,"这个含有维生素，有营养，该多吃一些。"如果孩子还是不管不顾地啃鸡腿，家长就会开始训导孩子"不该偏食"。

能够允许家长对食物的好恶而孩子就不能，这是无视孩子的人权。甚至有些家长把孩子对食物的好恶上升到道德层面，认为孩子不吃家长指定的有营养的食物就是故意和家长作对，是"坏孩子"。

母亲总在孩子进餐时絮絮叨叨，父亲总在孩子吃"营养不佳"的食物时忧心忡忡，长此以往，就餐变成了让孩子恐惧或厌倦的事，最后就真正偏食了。

我的儿子不吃青椒，川爸觉得不可思议：青椒是最普通的蔬菜，没有任何异味，孩子为什么会排斥？某日我炒了一盘苦瓜，川爸把菜盘挪到一边，皱着眉说："这么苦的东西，你居然炒来吃。"其实，川爸不爱吃苦瓜跟儿子不爱吃青椒是一个道理。每个人的味蕾不一样，通常孩子的更敏感，成人想当然地强迫孩子吃自己觉得营养可口的食物，的确是不够人道的。

孩子不吃青椒，但他能吃黄瓜、茄子；不爱吃鱼，但他爱啃鸡腿，动物蛋白也就不会缺乏。

对于大多数蔬菜种类都不喜欢吃的孩子，母亲可以尝试将蔬菜切碎放在米饭里，或是换一种菜式。我的孩子不爱吃叶菜，但是汉堡包里面的生菜他吃得很香。如果孩子无论如何都不吃，可以用水果代替蔬菜，这从营养学方面来讲也无妨。也有既不喜欢吃鱼，也不喜欢吃肉、蛋的孩子，可以让他多喝牛奶。

孩子在幼儿园统一进餐，选择更少，但通常会全部吃完。这并不代表孩子在幼儿园就爱吃蔬菜了，只是在纪律的要求下强忍着吃完。好处是孩子摄取的营养比较全面，坏处是孩子的食欲被这种"强力矫正"破坏了，回到家中，孩子就变本加厉地"挑食"，这时候，家长更应该宽容理解，至少不再强迫孩子进食。

人类的饮食偏好会随着年龄的变化发生变化的。有的孩子3岁时不爱吃鸡蛋,到了5岁时变得爱吃了。在4~5岁的时候,孩子的成长速度放缓,食欲也会随之减弱,变得不那么能吃。这时候,需要从质量上来满足孩子的食欲。只要从营养学上来说没有不足之处,对于孩子的饮食好恶,不要过多地干涉。

等孩子到了14~15岁,正是身体生长旺盛的时期,食欲也会随之增强。饿了的时候,就是不喜欢吃的东西,只要能填饱肚子的就吃。

但也有的人一生也不会改变自己的饮食偏好,比如川爸,从小到大都不吃苦瓜。这些也取决于个人的性格特征或味蕾特点。

我们允许孩子在音乐、艺术、体育中选择自己的兴趣偏好,为什么不能让孩子选择自己喜爱的饮食呢?享受自己喜爱的食物,是一件非常美好的事情,一家人在一起轻松愉快地进餐,也是感受幸福的时刻。我们需要认真关注孩子一年一度的体检报告,而不必太计较孩子的"偏食"问题。

只将自己喜爱的事情带到自己的生活中,愉快地活着,就是人类最好的生存方式。

尿床的孩子,压力比你大

"华川,我儿子半年前就学会如厕了,近段时间频繁尿床,我关过他禁闭,惩罚他穿尿湿的裤子,可就是不管用,我该怎么办?"

"我女儿近期在幼儿园经常尿床,每天提醒她也不管用,真的快失去耐心了。"

面对孩子的"尿床"问题,许多家长百般焦虑。

医学研究证明,3 岁以下的宝宝几乎都有尿床的经历,5 岁以后,多数孩子才具备膀胱控制能力,但是仍然有 20% 的孩子会出现尿床。在一个网络调查里,有不少成年人也讲述了自己尿床的经历,由于睡前饮水太多或过度劳累等偶然因素引起。

因此,我们可以大致认为,5 岁以内的宝宝尿床,是一种近乎普遍的现象。

如果孩子超过 5 岁,每周夜间尿床 2 次以上,并持续尿床 3 个月,这种情况可定性为"病理性尿床",即遗尿症(据美国精神障碍诊断及统计手册的诊断标准)。这种情况需要带孩子去医院就诊。

而绝大多数孩子尿床,是由心理因素、环境因素或者一些偶然因素引起的。

为此,我搜集了一些宝宝尿床的案例,给大家列举几个典型。

案例一

3 岁的睿睿忽然在幼儿园尿床,原因是换了老师。日常照顾她的生活老师走了,睿睿心情失落,新来的生活老师陌生又严肃,睿睿不敢表达如厕需求,就尿床了。

这是环境变化引起的。

案例二

4 岁的涵涵刚有了弟弟,被妈妈安排分床睡,睡了不到两天就开始尿床。睡回妈妈的大床就不尿了。

由以上两个案例可以看出,孩子的身体、情绪,处在不太好的状态时,膀胱控制力会减弱,容易造成"尿床"的后果。如果家长因此责罚、羞辱孩子,对孩子就真的是雪上加霜的压力,极可能造成长久的心理阴影。

案例三

6 岁的小罗参加完同学的生日宴会,玩得太累,吃喝太多,当晚就意外尿床了。

这种情况也能发生在成人身上,是偶然现象。提醒孩子下次注意生活作息,一般就不会再出现。

面对尿床这种小意外,孩子年龄不同,处理方法也有所不同。

对于五六岁以上的大孩子,排除极小概率的病理性尿床,多属"不小心"的偶然事件,家长淡然处之就好。因为孩子年龄越大,羞愧感越强。

说到这里,我想起自己记忆中唯一一次尿床经历,也是四五岁的年纪。早上起床,母亲就玩笑似的问了一句:"昨晚你是不是做什么'好事'了?"然后忙着清洗床单,不再提及此事,此后,也就没有了第二次。

如果母亲当年对我羞辱、责骂,今天在这里,我恐怕不能云淡风轻地说这段往事。

低幼龄宝宝表达能力有限,自控能力也更弱,一旦出现"尿床"现象,家长要做的就更多。

第一,尽量去寻找孩子身体、情绪变化的线索。

这些线索可以通过询问孩子或询问孩子身边的照料人(老师、老人或者保姆)获得。饮食有没有突然变化?环境有没有变化?身边的朋友、伙伴、老师有没有变化?仔细观察孩子的身体,有没有发热、有没有便秘(直肠积蓄过多排泄物也会压迫膀胱导致遗尿)。

第二,还要问家长。作为孩子最依赖、最信任的人,家长最近有没有吼骂孩子、疏远孩子、取笑孩子?成年人在紧张、受惊吓时都可能大小便失禁,何况一个稚嫩的孩子?

第三,给孩子更多的关爱与呵护。

无论如何也找不到原因,而孩子的尿床仍在持续,又该如何处理?排除病理原因后,或许家长唯一能做的,就是多陪伴孩子,多给孩子关爱,让孩子尽快调整好身体和情绪。

对于尚未尿床或偶尔尿床的孩子,家长也需要采取一些措施,防患于未然:

(1)睡前 1 小时不要进食,睡前 2 小时不要大量喝水,包括果汁、牛奶、饮料以及含水量较高的水果。

(2)养成睡前(包括午睡)如厕的习惯,排空膀胱再入睡。

(3)给孩子提供方便的如厕条件。厕所的位置,马桶的使用,换了新环境一定让孩子提前熟悉。另外,厕所最好留一盏小夜灯,让怕黑的孩子也能及时如厕。

总之,尿床本身没有太大危害(增加换洗工作量而已),危害最大的是导致尿床的前因,以及家长不当的处理方式。

最后,给大家贴一段网友的留言:

记得我 5 岁的时候还是尿床的,被我妈又打又骂,真的好害怕,早上醒来第一件事情就是确认尿没尿床,发现湿了简直就是晴天霹雳,会不顾上学迟到用身体捂干。有时候早上醒来发现尿了但是已被捂干简直就侥幸炸了,想想真的好可怜啊。

所以,尿床的孩子真的是压力山大,家长们不要雪上加霜啦!

儿科医生总结,什么样的孩子经常求医看病

经常有妈妈向我咨询小儿疾病,我虽不是医生,但从咨询者的描述,也了解一些大致的规律:① 爱生病的孩子多在 1～3 岁之间;② 孩子的病症以感冒、鼻塞、咳嗽为主。

这些妈妈都很焦虑:为什么我的孩子体质那么弱,动不动就生病?

我想告诉这些妈妈:你的孩子其实很正常,每个孩子都会感染这些常见病。

医学专家认为:孩子在 1～3 岁之间最容易生病。因为孩子到了 1 岁左右(甚至更早),从母体带来的免疫力已经消耗殆尽;而在 3 岁之前,自身的免疫机制尚未完全形成。免疫力如何获得? 主要的方式就是"生病"。

日本著名的儿科医生松田道雄,因为拥有几十年的门诊经验,总结出了一个有趣的规律:一两岁的孩子,一般两三个月去一次医院,而有些孩子,每个月都要拜访儿科医生,这些每个月都求医看病的孩子,一般有如下几种:

(1)第一胎的孩子;

(2)前一(几)胎是女孩,后一胎是男孩;

(3)父亲总是出差在外的家庭里的孩子;

(4)结婚 10 年以后才生的孩子;

(5)第一胎得过重大疾病后又生的孩子。

这 5 类家庭的共同特点,就是"小心谨慎"!

孩子一咳嗽,就带去医院看病。

孩子一发热,就带去医院看病。

孩子头一天吃太多,第二天饭量减少,或者拉的大便稀软了一点,也带去看病。

随着疫苗接种的普及,在幼儿阶段,危及生命的突发性疾病减少了。孩子感冒发烧或者咳嗽,80％是由病毒感染引起的,而病毒性感冒通常没有特效药,当然医生总是要给来看病的孩子开药处置的,多半开一些缓解症状的(治标不治本)的药,或者调理性的中成药,然而效果可能不那么好,于是过一两天母亲又带着孩子赶赴医院，一来二去，孩子便真正感染上了比较严重的疾病。

父母习惯性地往医院跑，而医生的职责就是给病人开药，于是孩子就总是不停地服药，最终也分不清是药治好了病，还是随着时间推移病自然好了。

松田医生诚恳建议：所有的父母，都应该让孩子体验一下不看医生而自然痊愈的过程。

除这 5 类家庭以外，更胆大的父母，通常只要孩子病情不严重，就会不那么着急赶往医院。

那些去医院少的孩子，除了少数是体质真的好，多数孩子生病频率都是一样的，但是随着求医用药的次数减少，孩子的体质倒可能真的变好，因为孩子的自愈能力得到了更多锻炼。

我在养大宝时，属于典型的"前 5 类"，在大宝 2 岁多的感冒高发期，平均每两周去一次儿研所，通常是看急诊。

养二宝女儿，则在 5 类以外了。3 年多来，除了体检，带女儿去医院的次数屈指可数。当然并不是孩子不生病。女儿这种超强的自愈能力，得益于她自己的性情：她味觉特别敏感，特别抗拒吃药！试着强行喂药几次，感觉场面太残忍，即便喂进去也会哭着吐出来。不得已的情况下，我们减少了求医买药，采用一些其他的食疗法（咳嗽一般盐蒸橙子或冰糖雪梨），慢慢养几天也就好了。渐渐地，女儿的身体练就了强大的自愈能力。

但是，根据松田医生的建议，出现以下几种情况，还是应该立刻带孩子去看医生。

(1)疑似"肠套叠"。一直很健康的婴儿突然大声哭闹，看起来非常痛苦(双腿向腹部屈曲)，大概安静几分钟，然后又开始大哭，直到筋疲力尽。这时候要考虑婴儿是不是得了"肠套叠"(回肠套入与之相连的结肠)。肠套叠是 1 岁以内的婴儿比较容易发生，并且后果会很严重的疾病，家长应该立刻带孩子就医。

（2）疑似"肺炎"。孩子在高烧时，出现呼吸急促的症状，并且表情痛苦，拒绝进食。这种情况就有肺炎的可能，应该立即送往医院。

（3）长期不能自愈，且症状加重的疾病。普通发烧一般3天就好，病毒感冒症状也会在一两周逐步缓解直到痊愈。如果孩子发烧超过三天，其他症状延续两周以上，或者病情反复，建议去医院诊断。

（4）关于疱疹性咽峡炎和手足口病。这两种病非常类似，区分也比较容易，前者是咽喉部出现小水泡，后者是手、脚、臀部有水疱样的丘疹。一般发热一两天，或有稀便、不吃奶的症状。孩子在退热后没有其他不适表现，不去医院也可以。不过易发抽搐的孩子则要注意：无论是疱疹性咽峡炎还是手足口病都能引发抽搐，建议还是请医生帮助预防一下。

（5）孩子不明原因地哭闹、精神萎靡、食欲不振，如果亲身照料孩子的母亲都无法判断孩子的状况，最好去医院就医。

最后，需要郑重提醒所有家长："胆大"并不等同于"粗心"，想做一个在孩子生了病却有勇气不去医院的母亲，你需要更多的"细心"。在孩子日常的照料中，观察并了解孩子的身体特质，记住孩子每一次发病的症状，以及医生的治疗方式和痊愈过程。就像我曾经做过的那样，自己为孩子做一个"病历"：记载孩子每次发病时间、痊愈时间、体温变化、治疗方式、服药种类，等等。一个用心的母亲，就是孩子最好的医生！

孩子为什么输不起？

在一期华川家庭课堂上，有妈妈提到自己的孩子特别争强好胜，完全不能输，只能赢！

在场家长纷纷发言，贡献了一系列抗挫技能，我总结成"五步抗挫法"，既有技巧，也有实例，希望能给大家一些启发。

第一步，与孩子共情——妈妈当年比你惨。

接纳孩子的感受："你输了很难过，妈妈能够理解。"——这只是"共情"的初级阶段，疗效一般。深度共情需要家长把自己全面"代入"，讲一个（或编一个）自己经历过的，跟孩子的经历相似的，但是凄惨一百倍的故事。

"妈妈小学时候，有一次考试，全班50个人，大多数都考了九十几分，我却只考了70分，倒数几名，拿到考试卷的那一刻，我觉得好羞好难过啊……（低垂着脑袋，哽咽着嗓音）"

这时候，刚刚因为没得小红花而难过的熊孩子，已逐渐进入你的剧情，并且表示共情——"的确够惨的"。

这么厉害的妈妈也会考低分，得不了小红花真不算啥！

孩子情绪基本平复了，但这也不够。后续介入不跟上，孩子也可能变成"二皮脸"，不拿失败当回事，习惯性受挫。

第二步，培养正向思维——失败让人进步。

心理学家研究指出：大多数人在遇到挫折时，会选择五种反应：攻击、退化、压抑、固执与退却——把失败当成一项纯粹的负资产，对自己一味地责备和否定。

而正向思维的人则认为这就是真实的世界，是每个人成长的必经之路，善于总结失败的经验、教训，并且越挫越勇。

　　培养一个人的正向思维,应该从孩子很小的时候开始,告诉孩子:"失败是成功的妈妈。"

　　利用每一次挫折进行训练。启发式提问就是很好的方式。

　　"我们想一想,这次失败能教会我们什么?"

　　"那下一次怎样才会赢呢?"

　　通过提问,逐步引导孩子从自责的情绪转移到"解决问题":这次摔倒了,下次可以走哪一条路? 此路不通时,试试寻找第3,4,5,…,N 条路,能找到几条算几条。通过这样的方式,孩子会形成一种习惯性的反应模式——相信凡事都有解决问题的办法,此路不通,他路必通。

　　第三步,演示多元竞争——狮子和海豚比游泳。

　　不可否认的是个体的天赋差异,也不排除反复受挫也达不到成功的可能。这时候,需要让孩子理解世界的多元化,不必执着于某一领域的竞争。

　　女儿特别喜欢跳舞,想进入幼儿园的舞蹈队却没有被选上,十分沮丧。手头正巧有很多动物图片,我挑出几张图告诉女儿:长颈鹿的脖子最长,可以够着最高的树枝;狮子没有长颈鹿高,可它有时能吃掉长颈鹿;海豚一点也不凶猛,可是它很会游泳。

　　"狮子厉害吗?"

　　"厉害。"

　　"有长颈鹿高吗?"

　　"没有。"

　　"跟海豚比游泳能赢吗?"

　　"也不能。"

　　"但是狮子还是很厉害对不对?"

　　女儿很快就理解了:虽然自己不擅长跳舞,但被选进了绘画班,依然是个很棒的小孩。

每个孩子的自带基因里都有一定的优势和劣势,而未来是一个多元化竞争的时代,如果有条件,尽量给孩子更多的学习体验,培养全才很难,但总能发现一些适合孩子的舞台。无论什么样的舞台,只要有掌声存在,孩子就能找到自信,不会因某一方面的失败而否定自我。

第四步,培养规则意识——有输有赢才好玩。

许多小朋友都喜欢下棋,但却很难遵守规则,输了要么悔棋,要么就眼泪巴拉。

对于学龄前的小朋友,口头说教不如以身示范。

场景一

跟 5 岁的儿子下棋,第一场我赢了,儿子就开始哭,哭完还要继续。第二场他赢我输,我也捂着脸"大哭"。这时候儿子就板着脸教育:"妈妈你别哭啊,输棋是很正常的,你看我输了都……"

"都不哭吗?"孩子郑重地点头"嗯"了一声。从此不再因输棋而哭。

场景二

儿子六七岁了跟我下棋,输了还是会不开心,总是恳求"妈妈你能让我多赢几次吗?"

好的,然后我就故意让儿子一直赢,一直赢,赢得多了,儿子自己也觉得无趣。直到儿子自己请求:"妈妈你认真点下棋。"

"可是我一认真你就会输。"

"输就输呗,有输有赢才好玩。"

第五步,专注于解决问题——教会孩子"赢"的技能。

暂时性失利之后,通过努力,下一次赢回来,这是振作信心的根本。很多失败,其实离成功很近,只在关键节点,缺一点点技术。父母若能适当介入,教孩子一些核心技术,便能助推孩子成功。

儿子所在小学要进行跳绳测试,他刻苦训练很多次,还是达不到标准线,心理很受挫。

我就给他讲自己小时候的经历。

我小时候手脚都笨,也不怎么会跳绳,不过,这没什么大不了,现在不也挺好?"我保证你有一天能学会跳绳,就像妈妈一样。"我安慰孩子。

"可是那一天什么时候才能到? 下周学校就要考试了啊!"儿子依然难过。

川爸回家,以理工男的思维,给孩子讲解跳绳的技术要点,然后在网上找到了一个少儿跳绳的视频,让孩子对着视频,边看边跳。

半个小时后,儿子红光满面地跟我说:"我越跳越多了,对自己也越来越有信心了!"

写了这么多,每一个环节,都离不开家长的努力。如果你做不到那么用心,就让自己足够乐观坚强,让家庭充满正能量,孩子照着大人的镜子,也能成长得足够坚强。

告别说教,做一个爱提问的家长

学习了正面管教,把各种规矩都制定好,孩子的教育就不会有问题了吗?

答案当然是否定的。孩子不是机器人,发一道指令就匀速旋转不停。月有阴晴圆缺,人有情绪波动,教育不存在一劳永逸的方案,这是所有父母要面对的客观事实。就连美国心理学博士劳拉在聊起育儿时也感慨说:"我虽然学过心理学,可孩子还是经常出现意想不到的问题,让我手足无措。"

在育儿过程中,出现问题并不是什么坏事。如果你能乐观、积极地面对这些问题,就可以在解决问题的过程中,让孩子和自己不断成长和"升级"。

比如,大家常抱怨孩子"不听家长的话",如果你学会换位思考,就会意识到:我们是否也该好好听孩子说话?

"孩子不听话"反映的问题本质是:孩子不服从家长的指令。教育学家认为,大多数孩子年满两周岁以后,有了初步的自我意识,就不乐意被别人"限定"或"操控"。而孩子们不愿意被"操控",是因为他们有自己解决问题的能力。

美国著名心理学家卡尔·罗杰斯认为,所有向他寻求帮助的"病人",自己都具有解决问题的智慧,他们只是被某种情绪"卡"住了,如果情绪被疏通,又有思考空间的话,人们都知道如何解决自己的问题。

孩子出现行为问题,通常也是被情绪"卡"住,或被表象迷惑,家长应该做的,是帮孩子"梳理"或"疏通"情绪,倾听或提问就可以。

假期,儿子沉醉于动画片,时针过了弹琴的节点,依然没有行动的意思。我深感失望,很想翻出他以前立下的志愿,数落发泄一阵。可是结果会怎么样呢?回想一下自己小时候被妈妈唠叨的情景,多半是不屑或不听。我平静思索 3 分钟,决定采用正面管教里的思路:放弃 telling(说教),采用 asking(提问)。

"今天弹钢琴了吗?"

"没有弹,不想弹。"

"你还想成为钢琴大师吗?"

"想。"

"要怎么做才能成大师呢?"

"每天练琴。"

"今天为什么不弹?"

"懒得弹。"

"你觉得如果一直'懒得弹'还能弹好钢琴吗?"

"不能。"

"那你需要妈妈的帮助和提醒吗?"

"需要。"

"现在有两种方式可以提醒你:第一种,打吼骂;第二种:温和地提醒。你选哪种?"

"我选第二种。"

"你选'温和提醒'? OK,你确定这种方式有用吗?"

"有用。"

"好,那我现在试试:宝贝,我觉得你现在应该弹钢琴了。"

"好吧。"

瘫坐在沙发上的儿子,缓缓坐直了身体,然后站起来朝着钢琴走去。

做一个提问妈妈,效果就是这么神奇。不过采用这个办法不能心急,要"问"得循序渐进,就像"剥洋葱"一样,一层一层解开表层的困惑,达到问题的核心。比如我儿子说不想弹钢琴,并不是真的不想。通过问答一层层拨开的真相是:他暂时提不起精神,希望有人提醒和鼓劲。

对于年龄更小的孩子,采用提问的时候更需要耐心,因为他们的思维逻辑尚不清晰,你的"问题"要更加直观易懂,最好是"选择题"。

3岁的女儿不想刷牙,跟拿着牙刷的爸爸玩"猫捉老鼠"。我走到女儿面前,蹲下身来,开始温和地提问:

"你为什么跑来跑去啊?"

"我不想刷牙。"

"那你想吃好吃的东西吗？"

"想啊。"

"要是牙齿坏了还能吃吗？"

"不能了。"

"怎么才能让牙齿健健康康？"

"要刷牙。"

"那你现在可以去刷牙吗？"

"不，刷牙不舒服。"

"是牙膏味道不舒服还是牙刷让你不舒服？"

"都不是。"

"那是哪里不舒服？"

"爸爸给我刷得不舒服。"

"那你自己刷怎么样？看能不能刷出白泡泡？"

"好，我要自己刷。"

"如果刷不干净怎么办？需要妈妈帮忙吗？"

"好的，刷不好妈妈再帮我。"

"很好，我相信你很棒，可以自己刷得很好，我们来试试看？"

"好。"

女儿欢快地跑向洗脸台。

从这个案例看出，女儿不想刷牙的问题核心是觉得爸爸帮他刷牙不舒服。如果让她自己刷，并且让她意识到刷牙很有趣，问题就解决了。

但是没有哪一种方法是万能的，"启发式提问"也同样如此。

我们不排除一种可能：你问孩子所有的问题，他都说"不"，无论你怎么"诱导"，孩子就是不给"正确答案"。

导致"启发式提问"失效的原因有两种：

一、孩子跟你处于情绪对抗状态

孩子有时会故意言不由衷地敷衍你。这是因为你跟孩子的关系和情感联结出了问题。父母跟孩子建立牢固的感情联结，形成彼此信任的关系，这才是育儿之"道"，而启发式提问，只是"术"的一种。道之不存，术将焉附？

改变永远不嫌太晚，从今天开始，学会温和而坚定，摒弃打骂和责罚。在试图解决孩子下一个问题时，保持心平气和，试试温和提问，断裂的亲子关系会慢慢重新联结。

二、孩子没有目标或动力

孩子没有发自内心想要做好的动机。如果孩子从来不喜欢钢琴，也没有弹好钢琴的意愿，就没法借鉴我跟儿子之间的那一段钢琴对话。

让孩子建立一个清晰的目标，并发自内心地认同，是让孩子努力的前提。这也是一个长期的潜移默化的过程。亲子阅读是帮孩子认识"目标"的一种方式，女儿2岁多我就陪她读过"牙仙"的故事，她一直希望自己拥有一口洁白健康的牙齿；生活体验是另一种方式，儿子从小在音乐里浸泡，所以自然而然爱上钢琴；最好的目标和榜样，是父母自己，你要求孩子做的事情，自己能否以身作则地示范给孩子看？孩子天生爱模仿，模仿会逐渐形成习惯，而习惯就是最大的动力。

胆小、内向、慢热的孩子，该怎么养？

你有没有养过这样一个小孩？

从婴儿开始，许多发育指标都比别家的孩子低一些，慢一些。

别人家孩子开始学走路了,他还不会爬。

别人家孩子会背"鹅、鹅、鹅"了,他还只会"啊、啊、啊"。

别人家孩子能从 1 写到 10 了,他还只会涂鸦乱画。

我的儿子,就是这样一个"慢生长"的孩子。除去前面那些生理指标,其实最让人揪心的,还是远低于同龄人的"情商"。

他不喜欢跟人打招呼,也不爱交朋友;

他有时候特别胆小,一个人上厕所都害怕;

他有时候特别暴躁,拼不好积木就崩溃;

他离"懂事"差得很远,会跟比自己小 4 岁的妹妹吵架、抢玩具、怄气。

送儿子进小学的第一天,我抱着"大不了垫底"的悲壮信念。而儿子初进小学的表现,跟我预料的一样:上课经常"神游",不主动交朋友,不主动举手,偶尔回答问题也是低低的声音。

大半年以后,根据各方面评测,儿子似乎还不算垫底,我已感到十分满足。

很快,儿子就上二年级了。

开学没几天,老师在家长群里发了班干部"竞选"通知,让有意参选的家长协助准备材料。我完全没放在心上,这个迟缓又内向的儿子,还是先打理好自己吧。

放学后,儿子拿出一张 A4 纸,还找来一把直尺,一起铺在桌上。

"妈妈,我要写'竞选自荐信'了,打算拿尺子比着写,免得写歪。"儿子认真地告诉我。

我表示支持,也劝他不要在乎结局。

他问:"妈妈,我有哪些优点可以写呢?"

我说,你得自己好好想一想。

儿子抓耳挠腮半个多小时,终于列出几条优点:

（1）我身体健康，个子很高。

（2）我每天开心地上学，很少迟到。

（3）我最近跟老师、同学们都说"早上好"了。

（4）我很善良，想为同学们服务。

写好了，儿子仔细地收起他的"竞选信"，还找了个塑料皮封装起来。

我为儿子的认真感到一丝心疼，心里开始酝酿着"失败是成功之母"之类的劝慰。

第二天中午，老师在群里公布竞选结果：我的儿子，居然以较高的票数当选了！

职务虽然不高，可我依然非常"震惊"。从幼儿园的集体生活算起的话，这个内向胆小的孩子，"进化"到有勇气站在讲台上参加竞选，花了整整四年！

身为一个"慢小孩"的妈妈，我从最早的失望、焦虑，慢慢过渡到平和、淡定，再到如今居然也偶尔有了惊喜，我忍不住想写写这个话题，分享给有同样遭遇的妈妈。

如果你家也有一个"慢小孩"，要客观认识孩子"慢"在哪里，是"生理发育"迟缓，还是"情商发育"迟缓。

首先，来说生理发育方面。

国家卫生和计划生育委员会编制过一套《儿童分年龄段生长发育参考标准》。评价因素包括：身高、体重、大动作、精细动作、语言能力、认知能力等指标（社区医院发给孕妈的《妇幼保健手册》上也有这个指标表）。

孩子"发育慢"，不是说比"别人家孩子"慢，而是参照这个指标表，有两项以上因素不达标。不达标怎么办？需要求医问药吗？也不一定，这个指标范围，只是一个概率统计。而孩子的个体差异是千差万别的，即便孩子不达标，也不能以此断定孩子就不健康、不正常。

什么情况下需要医学干预？据儿科专家介绍，当孩子两项以上指标落后于实际年龄 3 个月以上，才需要找保健医生评估，采取相应的康复训练。

现在回头来想，当初觉得自己孩子发育慢，未必是真慢，而是跟别人家发育快的孩子比出来的焦虑。儿子一直没怎么爬，1 岁多时也走得很稳了；儿子 2 岁才开始说话，到了三四岁也交流无障碍了。

再来说说情商发育方面。

经常有焦虑的妈妈向我咨询类似问题：

"我儿子特别胆小，连秋千都不敢玩，怎么办？"

"我的女儿特别内向，出门总黏着妈妈怎么办？"

面对这样的孩子，家长常在两种选择里纠结：

(1)不做任何干预，让孩子自己慢慢成长。

(2)积极"训练"孩子的能力。

如果非要二选一，我推荐第一个选项。因为它至少不会造成伤害。

我见过许多心急的家长，十分"积极"地改造孩子，强迫一个胆小的孩子去面对他害怕的事，教唆一个懦弱的孩子去跟同伴争抢。这样的训练，只会适得其反，甚至给孩子留下心理阴影。

现在，我想说说其他选择：

(1)用"榜样"来引导，用"爱"和"鼓励"来干预。

无条件地爱孩子，接纳孩子的性格，内向没什么问题，内向的人思考能力强，许多伟人(科学家、文学家、哲学家)都很内向。胆小也没什么问题，胆小的孩子对危险更敏锐，安全系数高。

也许这种孩子在某些场合显得很"特别"，更不能经常帮家长挣面子。这时家长不要流露失望的情绪，微笑着和孩子站着一起,让孩子知道自己永远是父母最棒的宝贝。父母无条件的爱,就是孩子最好的信心之源。

(2)总是鼓励,绝不勉强。

儿子小时候不敢荡秋千,每次想玩,必须得由大人扶着。每一次陪孩子荡秋千,我会试着鼓励一下:"今天自己荡一下怎么样?感觉会很不一样哟。"

孩子摇头说害怕。没关系,我会继续扶着他。然后下一次,我会说同样鼓励的话。

某一天,孩子终于同意让妈妈松手2秒钟。我便立刻给他一个大大的亲吻作为鼓励。然后不知不觉间,孩子在某一天就学会自己荡了。

(3)给孩子树立一个榜样。

你希望孩子长成什么样,孩子自己知道吗?光说教不够,必须让孩子看到具体的形象,也就是榜样。这个榜样可以是绘本动画里面的主人翁,也可以是孩子的同伴,最好就是家长自己。

所以,想让孩子勇敢。就给他全方面地展示各种勇敢的人物形象。

孩子上幼儿园时,我就希望他能有勇气上台演讲。为此,我给他播放儿童演讲的视频,甚至自己站在家里的凳子上表演夸张的演讲。当时孩子动心了一点点,然而真正付诸行动,却是几年以后的事了。

但是,我相信自己这么多年来的陪伴、鼓励、引导应该是有用的,就像春雨一丝丝浇灌着小树苗,到了时节,他自然就开花了,虽然花期要比别人晚了一些。

有首民歌这样形容人生:"三分天注定,七分靠打拼。"

而孩子成长发育却正好相反:"七分天注定,三分靠打拼"。

因此，即使我们努力了，也不要把期望设得太高。养一个慢热的孩子，家长的情绪值往往跟期望值成反比。就把自己当成一个笨拙的农夫吧，该浇水浇水，该施肥施肥，至于什么时候开花结果，那是孩子自己的事，还得看天时。

童话式育儿，轻松度过扰拗期

"丁零零，丁零零……"闹钟响了好多次，床上的小孩还没醒，于是闹钟凑到小孩耳边说："主人，该起床了，再不起来我的嗓子都叫哑了。"

小孩微笑着醒来，刚穿好衣服，牙刷过来说话了："主人，让我给你刷刷牙，把你嘴里的牙细菌都赶走。"

牙细菌表示反对："别来刷我！我还要吃宝宝嘴里的东西，吃完东西再吃牙齿！"

小孩赶紧张开嘴让妈妈帮着刷牙。

才刷完牙，毛巾又赶过来接班："我来给主人洗洗脸，我希望我的主人漂亮又干净。"

刚洗完脸，小马桶又开始叫唤了："主人，我等了你一晚上，现在很渴了，快来给我喂点水喝吧。"

小孩立刻跑过去，蹲在马桶上拉完尿，然后站起来说："小马桶，今天我请你喝橙汁。"

该出门了，小孩又要穿那双最喜欢的小绿鞋，小绿鞋不高兴了："主人，你连续穿了我一个礼拜了，我好累啊，都快累坏了，你能让我休息几天吗？"

另外一边,小红鞋央求道:"主人,你快来穿我吧,我都在家待了一个月没出门了,我想跟你一起去散步!"

小孩换上了可爱的小红鞋。

以上情景既不是动画片,也不是纯想象,而是华川家真实的现实,只不过那些会说话的闹钟、牙刷、马桶、鞋子等,并不是真的会说话,而是由爸爸或妈妈"代入"扮演的角色。

女儿满 2 岁以后,进入自我意识膨胀的执拗期,"不"字成了口头禅,处处跟你对着干,在试过各种育儿经之后,我创造了这套"童话育儿法",效果很不错,推荐给大家。

一、"童话育儿法"的来龙去脉

孩子一般从 1 岁多时,开始萌发自我意识。1 岁之前的婴儿,会把自己和妈妈混为一体,一两岁以后,知道了自己的存在,便把自己跟周围的成年人区分、对立。

进入两三岁时,孩子的自我意识达到一个高峰,凡事都要"我说了算",坚决抗拒大人的操纵。很多育儿专家(包括世界权威专家),对待这个阶段的孩子也有些无能为力,给出的养育要点通常是:"转移注意力,绕道走"。

有一些养育方式,建议让父母蹲下身来,跟孩子做朋友,以商量的口气说话,或者适当顺从。比如:"你可以帮妈妈一下,把衣服穿上吗?"

或者,姿态更低一些:"宝贝我求求你了。"

这种做法有一定效果,但一定要把握好"度",否则家长的权威会慢慢丧失,养出很多以自我为中心的"小皇帝"。

在满足孩子的权利需求,和家长的应有权威之间,还有一种方式,那就是找一个第三方代言物,这个"代言物"(我将它称之为"童话宝贝")可以替家长传达指令,以孩子最乐意接受的姿态和语气。

"童话宝贝"可以卑微地请求:"主人,请让我为你效劳!"

"童话宝贝"也可以任性撒气:"我很生气,现在不想理你。"

这个"童话宝贝"最好是像孩子一样,小小的,弱弱的,能把孩子当"主人"或朋友。孩子的天性是跟弱小的对象有亲和力,这就解释了为什么孩子都喜欢小猫、小狗、小布偶。

这个小小的、可爱的"童话宝贝",可以极大地满足孩子"做主"的欲望,又让家和世界变得更加活泼、有趣。

对于一个两三岁的小孩,"有趣"才是硬道理。

带着孩子看经典动画《美女与野兽》,最吸引孩子眼球的不是美女,也不是王子,而是魔法城堡里那些会动、会说话的桌子、椅子、烛台、茶壶……这都是最可爱的童话宝贝。

那些经典童话大师真的是非常了解儿童的心理。

对于年幼的孩子,他们相信童话,远胜大人的说教。

所以每个孩子都喜欢童话,每个孩子都向往一个童话般的家。一个特别固执叛逆的小孩,也能愉快地接受童话里的规则。

二、"童话育儿法"的魅力

1. 引导孩子关注他人,去除自我为中心意识

童话育儿法的巧妙之处是把孩子身边的很多事物,比如动物、玩具、物品全部"拟人化",这就让孩子感觉到:除了他自己,万事万物都有生命,孩子除了关心自己,还要关心周围这些生命的感受,更要关心自己的父母和家人。

2.培养孩子的想象力

一旦"物体"被赋予了生命,生活就充满无限可能。一个两三岁的孩子,可能会产生很多童话幻想,再大一些的孩子,哪怕知道这是扮演,也会乐意参与这个游戏。女儿到了四五岁,一直喜欢这种童话游戏,走进公园看见一朵花,会问妈妈:"如果我去把它摘下来,它会怎么说?"

"它会说你千万别来摘我,我会很疼很疼的。"妈妈回答。

女儿放弃摘花,回家还创作了一幅图画,画上有朵花,张开了嘴,在对行人说话。

生活在童话里的孩子,编故事的能力也是一流的。如今的睡前故事,有一半是女儿讲给妈妈听。

三、"童话育儿法"的三重境界

想把童话育儿法发挥到极致,可以分三重境界来实现。

第一重:陪孩子读童话绘本、讲童话故事。除了大家熟知的安徒生童话、格林童话,还有许多其他的经典童书可以选择。

第二重:角色代入,把家里的每一件事物,都变成会说话、会聊天的"童话宝贝"。就是文章开头展示的情景。

第三重:把家居环境也改造成童话场景,或者给孩子制作一个"童话小屋"。

更多方法,可阅读《游戏,破解教育难题的金钥匙》。

其实最关键的还是父母保持一颗年轻有趣的"童心"，很愿意、很享受地陪孩子度过一段温柔的"童话岁月"。

而那些凶巴巴的，动不动就对孩子打骂吼的爸妈，童话育儿法可能对你不大管用，因为你演啥啥不像，除了大灰狼。

培养情商的两种途径

带儿子参观机器人博览会，遇到一款能与小朋友互动的机器人，造型极为可爱。儿子爱上这个机器人，"聊"了很久也舍不得走。然而展会结束不久，网上传出"失控机器人伤人"事件，打开链接一看，正巧就是儿子喜欢的那一款，儿子跟我一起看完"惨烈"的现场图，心情久久不能平静。

"我见到的机器人很友好啊，它为什么要伤人？"

"因为失控了。"

"什么叫失控？"

"就是体内某个零件出了问题，或者短路了。"

"哦，失控真可怕，要是当时我挨着它，肯定也会受伤。"

几小时后，儿子也"失控"了。

当时我在书房忙碌，客厅传来愤怒的咆哮声。

赶到现场，看见地上散布着摔残的手工品。

"什么破东西，老是连不上去!!"儿子一边咒骂一边乱扔。

我忽然联想到那个机器人。

"你还记得那个失控的机器人吗？你现在的样子有点像它!"

"为什么这么说我？"儿子惊问。

"你知道的,那个机器人本来也挺可爱,只是因为某个零件坏了或者短路了,才会变得疯狂伤人。而你,其实也是个聪明可爱的小男孩,现在发脾气失控,可能是因为大脑里某根'电线'短路了。"

好像是这么回事——儿子呼吸平和下来,一副思索的表情。

"机器人坏了该怎么办?"儿子问。

"修好,或者报废。"我接着问,"你愿意选择哪一种,修好,还是让自己废掉?"

"别把我报废了,"儿子破涕为笑,"你来帮我修好。"

"好的,我来教你……先闭上眼睛,然后深呼吸……"我用手摸摸儿子后脑勺,揪揪他的耳朵,假装在修理"机器"。

好了,现在没事儿了。

儿子恢复理智。

此后,每当儿子濒临崩溃时,我就跟他提那个机器人,久而久之,儿子控制情绪的能力竟有所增强。

我曾一直苦恼于儿子的低情商。因为情商的主要内涵,就是"自我认知,以及管理自己情绪"的能力。

一个几岁的孩子,认知水平和生活经验都极其有限,往往都是敏感而易怒的。而一次机器人博览会,意外让孩子见识到了"正常"与"失控"的反差,提升了孩子的情绪认知能力。

情商的第二层含义,是"认知他人和处理相互关系"的能力。

女儿 2 岁多时，有一次跟我走在大街上，迎面走过来一个非洲人，女儿用手指着大叫："妈妈那个人好黑，我害怕。"我尴尬拦住女儿的手，孩子却不明所以。寒假期间，全家一起出国旅游，见识到了各种不同肤色不同种族的人群，女儿终于不再好奇。

为了让女儿学会感知他人的情绪，我故意指着女儿说："看呀，这是哪里来的一个人，眼睛这么小，个子这么矮……"女儿难过地快要哭出来，我立刻安抚："对不起，妈妈这样做很不礼貌，但是想想你上次指着一个人说他好黑，他也会像你现在一样难过……"

女儿从此不再指着外国人大呼小叫，即使遇到染红头发的怪叔叔，女儿固然好奇，也只是悄悄询问。

周末、节假日，我常带孩子去公园、动物园、博物馆；过年回老家，也带孩子参观亲戚家的猪圈和牛栏。我希望孩子能充分见识这世界的多样性，从而包容更多的"不同"。

在成人世界，我见过太多的人，但凡遭遇与自己的经验、想法、价值观不同的人和事，就惊诧、反感，甚至暴怒。

所谓心胸格局，主要靠见识撑大。

当然见识的增长、情商的提升，并非只能靠亲身经历。历朝历代都有一些心性超脱的圣人先哲，一辈子没出过国，也没见过机器人，他们的见识从哪里获取呢？

还有一种更讨巧的方式，那就是阅读。

一本好书，往往是作者把自己毕生的经验、思想，浓缩成的精华，一览无余呈现给你。

著名作家崔金生认为,阅读对于人类心性的修炼,可以分五个阶段。

第一阶段,阅读纯娱乐性的故事、流行小说,这是阅读的起点,这个起点的功效在于培养孩子文字的敏感性。这个阶段的阅读可以引起孩子的思考,但思考欠缺深度,也欠缺广度,有时会显得矫情,那些经常长吁短叹的文艺青年,阅读水平多停留在这一阶段。

第二阶段,阅读传统经典小说。当孩子把流行娱乐小说读够了,就不再满足于简单的人物结构,要阅读智力含量较高的作品,诸如《红与黑》《巴黎圣母院》《傲慢与偏见》《基督山伯爵》《飘》等经典名著。由于这类小说对人性剖析得比较深刻,尤其是书中有许多复合型性格的人,让阅读者的思想广度大为提升,思考更加成熟、理性,更懂得体会他人的心情,换位思考。

经历过这一阶段的阅读,一个人就基本成熟理智,情商及格了。

第三阶段,进入史哲领域。第二阶段的名著经典,也会涉及大量的史哲领域的概念,会触发阅读者新的阅读敏感点,比如古希腊神话、黑暗中世纪。阅读者在这个阶段会把兴趣转向《理想国》《利维坦》《梦的解析》《社会契约论》,等等。这时候人的大脑开始体系化,在思维广度上,阅读者关注的不是自我,也不局限于周边,他会把一个问题,放在开放的社会环境下考量。他们对生命的认知、生活的本质,也会有充满智慧的解读。

阅读到这一层面的人,大脑已进入高情商,生活会比较成功,通常是中产富人阶层。然而,这些中产富人依然有自己的焦虑和压力,必须进入下一阶段的阅读,才可能消除。

第四阶段,进入思想领域。有了史哲的基础,人们开始阅读大量的思想典籍,比如卡尔·波普尔的《猜想与反驳》《客观知识》《科学研究方法论》等。阅读到了这一阶段,人的思维,已经不再停留于狭隘的利益和价值。

这个阶段的人已经不再只关注一件事情是否公平合理,也不做肤浅的道德评述,而是更透彻地解读每个事件背后的人性。

看透人性有时是乏味的、沉重的。因此,还可以继续往下走。

第五阶段,形成自己的思想体系。人到了这个阶段,可能并不需要再阅读过多的书目,而是将大脑里已经存储的知识和思想分类、有序组合,然后构建出自己完整的一套思想体系,成为思想上的自由人,不再轻易被别人的理论影响。人到了这个阶段,已经完全超越了"情绪",基本不会再感受到痛苦和压力。

说实话,大部人的阅读或思考,不用走这么远。

只要坚持走过第二阶段,你就已经是一个理智而成熟的人了。

那么作为父母,该怎样引导孩子阅读呢?

在孩子被其他诱惑(幼年时有电子游戏和电视,青春期有性和毒品)锁住心智之前,尽快培养孩子对阅读的兴趣。从第一阶段开始,选孩子最喜欢的绘本,最爱听的故事,以孩子最舒服的方式阅读;最好在中学之前,让孩子完成第一阶段的阅读;被故事和小说喂饱的孩子,会自然而然对经典名著产生兴趣,如果孩子能在进大学之前完成第二阶段的阅读,那孩子就已经成为一个情商合格、心智健全的人，可以放心地进入大学更自由广阔的天地，开启第三、第四阶段的阅读探索。

中国孩子常面临的问题是，从童年开始就为应试教育而拼命，直到进了大学，才开始补充第一阶段的阅读，也极可能没来得及跨越第一阶段，就走向复杂的社会，被纷乱的俗事迷乱了心性，或极端，或迷茫，或脆弱，他们是情商还未成熟的巨婴。

所以，请重视孩子的阅读，不要跨越，不要冒进，刚接触书本时，兴趣第一。

如果有孩子看不懂的概念，就带他到现实世界里去见识。

读万卷书，行万里路，这是一个人成熟的必经之路。

第三章　怎样做到坚定？

【明确底线】

教养孩子的两条底线——安全和尊重

儿子 2 岁多时，个性疯长，我深感教子无方，于是四处拜师学艺。印象最深的一位老师是来自哈佛大学教育系的王涛博士。某个周末我放弃了休息和对儿子的陪伴，风尘仆仆地赶到王博士讲台下，认真听了一场关于"爱与规矩"的讲座。

王博士利用矩阵法，把家长分为了三类：

第一类是给予孩子爱多，规矩少的家长。这是典型的溺爱型家长。

第二类是规矩多于爱。这是严厉型家长。王博士将自己的父母归到这一类，他认为自己的成就多亏了父亲的严苛管教，但是，回想起自己的成长岁月，感觉压抑太多阳光太少。所以，这也不是做父母的理想状态。

第三类,即爱与规矩兼顾,两者把握均衡。这样的父母教出来的孩子,既快乐积极,又遵守规矩。这是做父母的理想状态。几乎会场上所有听课的家长,包括我自己,都在心里选定了方向。

但是,知易行难。

从孩子饮食作息开始说起,我是该训练他作息规律不吃夜奶,还是应该以"爱"的名义满足孩子的所有需求,甚至半夜起来做游戏?

孩子绘画时把颜料涂满了墙壁,我是该严格限定孩子活动空间,还是任由他发挥创意?

带孩子去公园,小家伙对一切充满了好奇,到处都要碰一碰、捏一捏,我应该以"爱"的名义让孩子自由探索世界,还是以"规矩"的名义让孩子谨言慎行?

网上、书上的育儿理论层出不穷,一时东风压倒西风,一时西风压倒东风。

从"按时喂养"到"按需喂养",从"延迟满足"到"亲密育儿",知道的理论越多,内心越彷徨。

当妈六七年以后,我开始选择相信自己的直觉,即根据自己的承受能力,确立教养孩子的规矩和底线。比如,母乳喂养或者夜奶问题,最初我是享受并坚持的,但到了某一天,我觉得我的身体、情绪,都已经承受不了那么多次夜起,就果断给孩子断掉了夜奶。

孩子撒泼打滚,在有时间和耐心的时候,我就蹲下来耐心解释。遇到时间、场合都不合时宜的时候,我会严厉禁止。

我似乎有了自己的一套育儿方法,但是,如有人问我的话,我的思路和"界限"依然不够清晰。直到有一天,我遇到一位来自欧洲的妈妈。

那天我带着 2 岁的女儿去玩"捞鱼",旁边坐着一位浅色头发、高鼻梁的白种人妈妈,她的孩子,一个金发粉嫩的男孩也挨着我的女儿坐着。我跟这位外国妈妈攀谈起来,她自我介绍说来自比利时。多年前我在从荷兰前往巴黎的途中,曾在比利时短暂停留,于是我们聊得挺热乎。其间,我的女儿不停地把渔网拿出水池外,洒了很多水在地面,我不得不中断谈话去嘱咐女儿几句,但过一会儿,女儿又故伎重演,还拿着渔网四处流窜。而那位比利时小男孩,却一直规规矩矩地坐在自己座位上安静地捞鱼。

"你的儿子真乖,我女儿则太好动,也不太听从我的命令。"我向比利时妈妈尴尬地解释,同时朝女儿补一句"宝贝,快坐回来",表示我已经尽了力。

"你阻止不了孩子,是因为你根本没想阻止孩子。"比利时妈妈努了一下嘴,微笑着回复我。

"不是啊,我已经阻止她很多次了,可能孩子个性不同吧。"我不以为然。

"如果你女儿现在玩的是火,或者其他危险的东西,你能阻止得了吗?"比利时妈妈问。

"当然能!"说完这句,我瞬间领会了她上一句话的内涵。

是的,如果女儿的行为危及她的安全,我肯定会去阻止,也一定能够阻止! 比利时妈妈说得对:我之所以此刻没能阻止,是因为我本身没有决心,或者说,我并不知道这种行为需不需要"下定决心",我不知道孩子的行为边界。

"我觉得女儿目前的行为并没有什么安全风险,我有必要一定严厉禁止吗?"我想探索更多。

比利时妈妈温和而坚定地说:"你的孩子把水弄洒到地面,会使她自己,以及其他的孩子有滑倒的风险。另外,你的孩子离开座位来回跑动,也对其他孩子造成了干扰。"

她的话还没说完,我便开始脸红了。

比利时妈妈继续说:"在我们的教育理念里,孩子若有不尊重他人的行为,就是必须严厉禁止的,这跟安全问题一样,是孩子行为的底线。"

我醍醐灌顶。走到女儿跟前,蹲下身子,以前所未有的严肃面孔,同时压低了声音对她说:"坐在自己的位置上,不要离开,不要把渔网拿出来。如果你不想玩了,我们可以回家。"

女儿似乎从我的眼神里看懂了我的"决心",果真就乖乖地坐回了自己的椅子。接下来,我跟这位比利时妈妈聊了更多关于教育的话题,从母乳喂养,到哄睡断奶,从俩宝相处,到学前早教。比利时妈妈的英语水平跟我半斤八两,但是思路清晰,条理分明。最后才得知,她本身也是从事教育工作的。

此后,我受了启发,阅读了更多欧洲体系的教育文章和书籍。很多人喜欢大而化之地谈论"欧美教育",实际上,无论行为习惯还是思维模式,"欧洲"跟"美国"都差异极大。相比而言,欧洲的教育更严格保守,注重规则。而美国的教育则比较注重保护孩子的个性和创造能力。但是,总体而言,对孩子的两条行为底线:"安全,以及尊重他人",在欧美的学术理论界基本一致。

在中国,很多人在追随国外先进教育理念时,是画虎不成反类犬,要么断章取义,要么过犹不及。譬如"熊孩子"的存在。父母觉得是因为给了孩子足够的爱和自由,才使孩子充满活力。但在外人眼里,尤其是还没有成为父母的人眼里,"熊孩子"又跟洪水猛兽一样可恶可憎。

孩子蹦蹦跳跳很可爱,但这些行为一旦影响到他人,家长就应该毫不犹豫地阻止。让孩子学会尊重他人,这是基本的规矩。

而"爱"的尺度,对于母亲而言,应该是在爱自己(不迷失、不伤害自己)的前提下,尽可能地多爱孩子。

比如,关于孩子的陪睡、夜奶,如果母亲自己的身体和情绪能承受,就多坚持一段时间也可以。通常这种行为不会像某些网络文章说得那样,影响到孩子一生的健康。

如果你对孩子的爱和付出超过了自己的承受极限,可采用一些特殊方法训练孩子的独立性,也未尝不可。孩子多哭几声未必就会有一生的阴影,而母亲的状态若是太糟糕,对孩子的成长更不利。

孩子涂鸦之作画在了墙上,这个行为充满了创意也不危险,但涉及对其他人劳动的不尊重,就该禁止。

在"安全,以及尊重他人"这两条规则底线下,给予孩子足够的自由;在爱自己的前提下,尽可能地多爱孩子。这便是我对"规矩与爱"的理解。

带娃出行,安全第一

多年前曾看过一本通俗小说,名字都不记得了,但主要情节还记忆犹新:一个女人生了六个闺女,名字分别叫大翠、二翠、三翠、四翠、五翠、六翠。这位翠妈最爱带孩子出去凑热闹,抢促销弄丢一个娃,围观打架误伤两个娃。这些娃长大了也爱扎人堆、惹是非,赶上公安部严打,一网就网去三个娃。

当年只把这些故事当笑话,如今自己也当了妈,才知道这些情节万一落到自己身上,后果得有多惨重。所以,我带孩子出门,最怕人多口杂,最怕招惹是非。

　　小长假带孩子出门玩,赶上一个游人奇多的公园,售票处排了很长的队。我领着儿子随着队伍慢慢向前蠕动,眼看胜利在望时,排在我前面的一位男子忽然回头招呼队伍外的同伴,年轻力壮的两男一女,操着方言,汹涌地挤进队伍,把我儿子撞了一个趔趄。还没等我回过神来,排在身后的大妈打抱不平了:"凭什么插队? 真没素质!"而后拽了拽我胳膊说:"瞧把你孩子给撞的,得跟他们理论理论!"

　　我拉近儿子瞅了瞅,倒也没有大碍,再看看前面几个大块头,话到嘴边又咽了回去。算了,已经排了这么久,不在乎多等两三人,我安慰了一下儿子,继续默默排队。

　　自从有了孩子,已经不是第一次遭遇类似情境,我选择息事宁人:只要孩子平安无事,一切是非纷争都不足挂齿。

　　我也曾见识过很多"疾恶如仇"的热血父母,眼里揉不得沙子,心里受不得憋屈,路见不平,定要愤然而起。

　　一次在儿童游乐场,两小孩因争抢积木闹了点矛盾,双方家长争相出头,由指责、谩骂,到大打出手,差点误伤了两个小孩。

　　曾在上班路上遇到一起车祸,当事人一方是孕妇,她挺着雄赳赳的大肚子,把追尾的男司机从驾驶室揪出来,给对方一顿狂抓猛打,幸亏那男司机忍耐得住,捂着脸一直没还手。

　　某天深夜,朋友圈一位妈妈告诉我:白天带 3 岁女儿坐公交车,因为座位问题,跟旁边两位乘客发生争吵,对方连着她女儿一起辱骂。这位妈妈夜不能寐,她后悔跟那些胡搅蛮缠的人做无谓的争论,又担心年幼的女儿会有心理阴影,万幸的是没有升级到肢体冲突,否则后果不堪设想。

　　"秀才遇到兵,有理说不清"。如果非要争个输赢,需要付出极大的代价,轻则耗费时间,重则肢体伤残,如果你身边还带着孩子,后果可能更惨!

这种惨痛事件曾实实在在地发生在我身边。比如,2013年发生在北京大兴区的"摔婴"案:两名男子驾车到公交车站附近找停车位,发现有个停车空当,却被一名推着婴儿车的女子占据。男子粗蛮无礼地让女子挪开,女子据理力争不让挪。

事实证明,那块空地确实不是合法停车位,女子有权不挪;事实也证明,两名男子刚刚刑满释放,还饮了酒。

事情后来的发展,如一切是非纷争,先动嘴,再动手,只是万万没想到,暴戾又醉酒的男人,把气撒向了婴儿车,车里是一个熟睡的女孩,才2岁多……

这个案件刺痛了所有女人的心,当时我的女儿才出生不久,我不忍却又忍不住跟踪了整个案件,直到凶手被抓捕,判死刑。这样的结局又如何? 没有欢欣鼓舞,没有大快人心,女孩再不会醒来,母亲的失女之痛,不会有丝毫的减轻。

我不知道那位母亲有没有后悔过,作为旁观者,却忍不住替她做了无数次场景回放:假如不带孩子去那个车来车往的拥挤地段;假如见到车来就赶紧把孩子挪开;假如不跟那个男司机针锋相对地争吵;假如……

没有回头路,逝者不可追。这一案件,给了无数父亲、母亲,一个血淋淋的教训。

古人常云:投鼠须忌器,意思是想用东西打老鼠,又怕打坏了近旁的器物。

当你带孩子出门,就好比揣着一件稀世瓷器,行事要格外稳妥,走路都要格外小心。遇到任何矛盾冲突,再不能像热血青年一样意气冲天。都说"为母则刚",其实很多时候,却是"为母则弱"。为了膝下稚儿,我们有时候要放低尊严,忍辱负重;有时候要放弃争辩,忍气吞声。

/ 温和而坚定地养儿育女——二胎妈妈正面管教践行记 /

或许会有人说,就这样任由缺公德、不公正的事情发生吗?如何给孩子树立正确的价值观?

这要看社会环境。比如在欧洲时,有一次我参观手工艺品时看着了迷,不小心"插"进了正在交款的队伍,身后就有人很礼貌地提示:"Excuse me,我想您站错了位置。"我回一声"Sorry",立刻转身离开,一切风平浪静。我自己遇到类似的权益被侵犯的情景,也会理直气壮地说句"Excuse me(对不起),我想您应该……"是的,不管是谁对不起谁,提出要求的人都先使用这句万能的"Excuse me",问题就迎刃而解。因此,在文明程度高的地区,一句"Excuse me"加一句"Sorry"就能解决大多数问题。

在国内,遇到类似情景,当然也可以借鉴这个方法:先客气地说"对不起",然后委婉指出对方的不当行为,如果对方素质也不差,问题也好解决。

只不过大多数情况是,权利受到侵害的一方,没有足够的度量先说"对不起";被责难的一方,则更谈不上风度,只会以牙还牙,让矛盾升级。

还有一些情况,是你自认为行为得当,却有一些莫名其妙的是非找上门来。比如,你带着孩子正在看风景,有人大煞风景地对你嚷嚷:"傻×让开,别挡我的视线!"这时候,你要仔细权衡,是纠正对方的言行重要,还是照顾好自己的孩子重要。

换作我,会选择离开。如果孩子问为什么,我会跟他讲那个著名的"垃圾人定律":世界上存在很多负面垃圾缠身的人,他们需要找个地方倾倒,有时候被人刚好碰上了,垃圾就往人身上丢。所以,无须介意! 只要微笑、挥挥手、远离他们,然后继续走我们自己的路!

尊重孩子的敏感期，也要尊重其他人

在育儿领域，"敏感期"是一个非常重要的概念，最早由意大利幼儿教育专家蒙台梭利提出，在近代又被许多学术研究证实并扩充。

由于儿童在某一阶段智力、秩序感、节奏感、行走、观察力等方面的发育特征，而产生对环境、秩序、感官、动作、社会规范等一系列的敏感情况，这一时期被称为儿童敏感期。

儿童处在敏感期会有一些成年人看起来不可理喻的行为，比如，不肯吃缺了角的饼干，一段台阶要来回反复地走……敏感期的孩子，需要得到大人的宽容和尊重，这对于孩子以后的成长更加有利。

然而，也有很多家长对此产生困惑：

"我的孩子走路爱走前面，总要第一个进门，乘地铁公交也是如此，我需要尊重他的秩序敏感期吗？"

"我女儿每次进电梯都要自己按层数，有时电梯人多会耽误大家时间。我该尊重孩子的要求吗？"

"我的儿子1岁多了，最近老爱咬东西，见了小朋友也咬，这是不是到了味觉敏感期？我该尊重他的行为吗？"

回答这些问题前，我先讲一段自己经历过的小插曲：

女儿3岁多时，我经常带她去游乐场玩。有一次在游乐场，女儿刚用积木堆出"城堡"的雏形，一个胖乎乎的小男孩走过来，直接拆掉"屋顶"把积木抱走，奶声奶气地说："这是我的。"那个小男孩不过2岁，目光单纯、小脸稚嫩，我知道他正处在物权敏感期，他家里肯定有类似的积木，或者直接把游乐场当成了自家客厅。

然而,等他第二次摇摇摆摆地过来拆"墙"时,我的女儿不开心了。我观察到那位男孩的妈妈,正在轻声细语地教导:"把积木还给小朋友,这不是咱们自己家的。"但是小家伙无动于衷。这位妈妈一副"左右为难"的神情,潜台词是:孩子还小,正处在某某敏感期。

我只好低头开导女儿:"小朋友抢走了积木,你是不是很伤心?"

女儿难过地点头。

"如果你再去抢回来,那个小朋友是不是也会伤心?"

女儿也点头。

"妈妈有个办法:我们找一个好玩的玩具跟那个小朋友换回来,怎么样?"

女儿答应了,找到了一个带轮子的小鸭子,却跟我说:"妈妈我自己玩小鸭子吧,不找弟弟要积木了。"

还好,我的女儿不那么敏感。

如果换成另外一个处在秩序敏感期、物权敏感期的孩子,这个问题就不那么好解决了。

3 岁以内的孩子,爱咬人、打人,是因为缺乏冲动控制能力;不懂分享,甚至抢东西,是因为物权概念尚未建立。总之,这都是适龄行为,不算稀奇。

但是,被打被抢的孩子呢? 谁来尊重他们的敏感期?

"秩序敏感期"的概念虽传播了几十年,却总在被误解:一部分家长把孩子合理的秩序要求误解为无理取闹;另一部分家长则把孩子的不良习惯误当成秩序敏感期,哪怕频频冲撞公共秩序。

首先,需要明白什么是真正的"秩序"?

幼儿的秩序敏感力常表现在三个方面:

一是所有物的要求。孩子最先掌握什么是"我"或"我的"，再分辨什么是"你的"或"他的"。

二是顺序性。既包括"静态"的顺序，如物品的摆放，也包括"动态"的顺序，如行动的先后。

三是生活习惯。这是在前两者基础上建立起来的一系列日常行为的顺序。

孩子需要一个有秩序的环境来帮助他认识事物、熟悉环境。如果秩序出现了颠倒或改变，孩子容易丧失安全感而感到无所适从。

作为家长，不仅仅要懂得尊重孩子的秩序敏感期，更要懂得"秩序"的建立。如果"秩序"建立得好，孩子会自然而然地形成良好的生活习惯，让他受益终生。反之，如果把一些"不良行为"定格在孩子的"秩序"里，某一天发现不妥了，再去推翻，便是对孩子极大的伤害！

所以，家长的努力，应该从秩序敏感期之前就开始。

虽然孩子在两三岁集中表现"秩序敏感力"，而事实上，孩子从出生就开始建立自己的"秩序"，孩子很小就会观察周围的环境，观察父母的行为举止，观察父母如何对待自己，所有这些"影像"，一点一点镌刻在孩子的脑海里，形成了一套程序。到了 2 岁左右，孩子有了行为能力、表达能力，他就会执行大脑里刻录好的那套程序。

（1）良好的秩序让孩子受用终身。

比如，饭前要洗手。孩子目睹爸爸妈妈如此行动，也一直被如此要求，便渐渐形成了习惯，构成了孩子的行为"秩序"。

睡前讲故事，这也是父母和孩子共同组成的一个习惯，长久坚持，也会形成孩子的秩序。

整洁的家庭环境,有序的物品摆放,有利于孩子建立自己的环境秩序,当他发现洋娃娃掉在沙发角,会感到异常。

有秩序的环境令孩子感到安全,健康的生活习惯让孩子终身受益。这些都是父母应该努力帮孩子构建的"秩序"。

如果"良好的秩序"被意外情况打乱,父母应该努力帮孩子去"修补"。

(2)有害的行为应尽早从孩子的"程序"里删除。

"有害"行为分两种:一种是对孩子自身有危害,比如发起脾气来用头撞墙。很多两三岁的孩子都有这个行为。做父母的应该即刻制止,给孩子一个拥抱,引导孩子采用安全的情绪释放方式,比如让孩子照镜子、涂鸦,稍微激烈一点的,可以让孩子打枕头。

睡前吃点零食或糖果,这会让孩子很容易安静下来,带着美好的心情入睡,但一旦形成习惯,成了孩子的"固定秩序",就很难更改。

另一种是危害他人的行为,比如咬人、打人。3岁以前的孩子打人、咬人,是因为孩子缺乏冲动控制能力,家长要加强监督,如果教育不能制止,则宁可让孩子独处。

(3)与"公共秩序"冲突的"个人秩序"。

"走路走前面,排队排第一",这样的行为在家庭范围内,是无伤大雅的小个性,如果到了公众场合,则不适宜。哪怕对方是成年人,也没有义务忍受一个熊孩子的叨扰。

再活泼可爱的孩子,在电梯间唱歌跳舞也难以被接受。

从小教孩子识别"家里"和"家外"的区别,也是建立正确秩序的重要部分。如果孩子总是"言行一致",习惯了在家里大喊大叫,到了公共场所也难以切换到"静音模式",就不如在家里也严格要求,教孩子小声说话。

总之,如果孩子的敏感期冲撞了他人和公共秩序,就不应该被放任。

尊重从来都不是单向的,我们除了学会尊重孩子,还要让孩子学会尊重父母、尊重他人、尊重环境。

【规矩与坚持】

宝贝我爱你,可是我不同意

接女儿从幼儿园回家,有十几分钟的路程,每天我都牵着她的手慢慢走、慢慢聊,画面很美好。

有一天平静被打破了。跟女儿一起放学的小同学,被她妈妈领进了幼儿园旁边的商店。

"妈妈,我也想进去看看。"女儿拉着我的手也往商店走。好吧,那就看看吧,我理解一个3岁多孩子的好奇心。

一进商店,女儿被琳琅满目的零食吸引住了。我也能理解一个小孩馋零食的感受,满足孩子买了一根小棒棒糖。女儿拿着棒棒糖无比欢欣地跟我回家,我叮嘱她"就买一次,明天不能买了"。她一边吃糖一边心不在焉地点头。

然而第二天放学,女儿依然站在商店门口不肯走:"为什么昨天能买,今天就不能买?""为什么别人的妈妈买,你就不给我买?"

一时还真找不到让孩子心悦诚服的理由,我再次妥协,女儿又一次举着棒棒糖回家。回家吃过晚饭,我决定召开一个全家会议,讨论吃零食的议题。

"零食吃多了牙会坏,而且人会变傻!"8 岁的哥哥第一个发言。傻不傻难说。但是女儿有一颗门牙的确发黑了,我拿镜子让她仔细照了照,又讲了一段关于牙细菌的故事。

"可你为什么有时候又同意我吃呢?"女儿依然迷惑。

问题就出在这里:不是孩子不想听话,是大人的"话"总是前后矛盾,界限不清。

我跟孩子们一起,继续深入讨论吃"零食"的利弊。

讨论了一个多小时,最后的结论是:零食可以吃,但是必须有所选择,不能过度。

具体规则是:每周吃一次,由爸爸妈妈统一采购比较健康的零食。

女儿终于不再问"为什么"了,家庭会议结束。

接下来的几天,女儿放学很顺利。

然而某一天放学后,女儿忽然站在商店门口就不动了。

我蹲下来温和问孩子:"你还记得之前我们定的吃零食的规矩吗?"

女儿:"可是我今天就想吃。"

"你还记得自己答应过妈妈放学时不买零食吗?"

女儿:"可是我就想买。"

"你知道零食吃多了牙会坏吗?"

女儿:"不管,我就是要吃。"

我站起身来,认真地对女儿说:"妈妈爱你,可是找不同意。"

女儿就撇着嘴哭开了。

她想拽我进商店,我想拉她回家,拔河了一分钟,我俩都没赢,于是站在原地不动。

路上的行人来来往往。

我深吸一口气:考验"温和而坚定"的时刻又到了。

我就静静地站着,女儿就嘤嘤地哭着,在离商店不到 10 米的位置。

还好天气不错,我抬头看一下天空,是久违的蓝色,几丝白色的浮云,很快就被风吹散,寒风刮到脸上,还有点生疼。斜眼看女儿,保暖羽绒服穿着,激动地哭着说着,应该也不冷。斜对面发廊的一个年轻姑娘注意到了我们,探头出来观察一下,又缩了回去。

女儿哭声渐弱,我再次给她提供选择:

"我今天不同意买零食。你可以选择回家吃面包片,也可以选择站在这里不回家。"

"我就是不回家!"

女儿依然不屈不挠。

"好吧,那咱们就在这儿站一会儿。"

五六分钟后,女儿终于止住哭泣,轻轻碰了下我的手:"妈妈,我们回家吧。"

我牵住那只倔强的小手,慢悠悠往家的方向走,好像什么都没有发生过。

进了家门,哥哥已经在家等着,兄妹俩欢快地一起玩耍起来,真好像什么都没发生过。

晚上睡觉前,我故意提醒一下:"今天下午放学的表现怎么样啊?"

"不好。"女儿不好意思地笑着说。

"那明天放学还会再要买零食吗?"

"不会了。"女儿肯定地答复。

庆幸自己,又一次温和而坚定地捍卫了规则,也没有伤害到女儿。

第二天放学,女儿果然不再要求买零食了。

所谓不伤害亲子关系的正面教育,就是温和与坚定并存。尤其是面对一个犯了错误,突破了行为界限的孩子,更需要温和而坚定。

无论是零食大战还是其他权利之争,要温和而坚定地解决问题,必须有个过程。

1. 家长尽到提前告知的义务,否则孩子并不知道是非对错

几岁的孩子想吃零食,看着大家都在吃,她自然也不会觉得自己的要求有何过错。在事情临近发生时,家长几句简单的说教,并不能让孩子心服。尤其是对于性格执拗或者处于敏感期的孩子,临场说教,不如适当妥协。

这是我头两次同意孩子吃棒棒糖的理由。

当然这种妥协的前提是,不会触及"安全"和"尊重"的底线。

如果孩子想要闯红灯,绝对不能妥协。

2. 规矩的制定,必须经过全面、充分的讨论

让孩子遵守的规矩,一定要让孩子参与讨论制定,要充分让孩子表达,并且适当满足孩子的需求,孩子才会对最终结论心悦诚服。

3. 当孩子破坏规矩时,更需要温和而坚定

规矩被破坏也不奇怪,机器人也有程序出错的时候呢。

对孩子说"不",然后温和而坚定地坚持就够了。

不需要重复地说教(在制定规矩时一次说透),不需要额外的责骂,责骂只会让孩子产生更多情绪对抗。

保持温和,保持安静,给孩子一段时间释放自己的情绪,缓解自己的欲望。

"我爱你,可是我不同意",这就是温和而坚定。

孩子上幼儿园，是一场"坚定"分离

孩子要上幼儿园了，家长们多少有些担忧：从未离开父母怀抱的小不点，要独自面对一个全新的环境，会哭、会闹吗？

有位妈妈讲了一件糗事：孩子刚上幼儿园时，特别抗拒，经常只能被强行抱着出门，有一次在路上孩子哭叫挣扎得厉害，一个路人看见了就拍了照，还准备报警，他怀疑是儿童拐卖！

孩子第一次上幼儿园，的确是一件难事，难度差不多可以跟"出生"相比。

"出生"是人生第一次艰难的分离，宝宝离开居住了 9 个多月的温暖子宫，进入没有羊水保护的陌生世界，所以会大哭不已；

第二次艰难分离，便是入园入托了。孩子离开生活了两三年，有亲人关怀呵护的家，去到一个有很多陌生人的新环境——大概率也是要哭的。

这种分离焦虑是无法避免的，但是孩子早晚能够适应，就好比人类总要适应自己的进化一样。我们还是该以乐观的心态，想办法缩短这个适应期。

（1）提前熟悉幼儿园的环境。

儿子 2 岁多时，姥姥经常带着他去参观社区里的幼儿园。放学之前大门是关闭的，儿子就把脑袋贴在栅栏外，静静地看里面的小朋友们玩耍，尤其是由老师领头，一群孩子当尾巴的游戏。这些游戏在家真是玩不了，所以孩子对幼儿园无比向往。

因此，准备入园的小朋友，由家长带领着熟悉一下幼儿园的环境，是有帮助的。一所正规的幼儿园，无论是建筑设计，还是外墙装饰，户外的游玩设施，都是色彩鲜亮、充满童趣的，孩子很容易产生好感，以及向往之心。

/ 温和而坚定地养儿育女——二胎妈妈正面管教践行记 /

（2）提前熟悉幼儿园的老师。

很多幼儿园在开学之前,会安排老师家访。我儿子的幼儿园班主任在家访时,还带来几种动物图案的剪纸,让孩子挑选最喜爱的一个。被选中的图案,会贴在孩子幼儿园用品上(比如茶杯、小床),帮孩子建立亲切感。

有专家建议,让老师跟孩子一起照一张合影,贴在冰箱上,也能消除孩子对老师的陌生感。

另外,家长当着孩子的面,跟老师愉快相处,就像老朋友一样,也能建立孩子的安全感。

如果幼儿园没有提前家访的制度,家长可以自己创造机会,比如带着孩子,在幼儿园放学时间,跟下班的老师一起走一段、聊一段,都能帮孩子建立对老师的印象。

（3）让孩子提前结识新同学。

在孩子入园前,就可以带他跟邻居的同龄伙伴玩耍,建立起一些友谊。如果这些"好朋友"是同一所幼儿园的同学,那就再好不过了。如果小伙伴住得近,又入同一所幼儿园,相约着一起上学、一起放学,这也是消除入园恐惧症的办法之一。

（4）给孩子一个过渡期,最初只入园半天。

许多幼儿园有这种制度:新入园的孩子,在头一个月或半个月内,只入园半天,即 8:00 入园,12:00 放学,其间孩子做一两次游戏,玩一会玩具,再吃点点心,时间就打发过去了,不太久的分离便不会产生太严重的焦虑。等到孩子逐渐熟悉了环境,交上了好朋友,再全天入园。如果幼儿园没有半天制度,可以单独跟老师商量是否可以提前接走。

（5）建立一个正式的"分离"仪式。

我跟儿子的分离仪式是这样的。到了幼儿园门口,深深拥抱一下,然后亲吻儿子的左右小脸蛋,最后跟儿子拉钩"下午 5 点准时来接你"。

当然,我肯定要遵守约定,在接孩子放学时,准点到达,绝不迟到。这样孩子才会对"仪式"产生信任。

邻居家有个小女孩,每天都抱着心爱的泰迪熊去幼儿园。她妈妈认为这样可以缓解孩子的分离焦虑。我经常看见这位妈妈在幼儿园门口,跟女儿和她怀里的泰迪熊一起道别:"要好好照顾泰迪熊哦,下午妈妈来接你俩放学。"几个月以后,女孩适应了幼儿园,就不再带泰迪熊了。

(6)多跟幼儿园照料人沟通,让他们了解自己孩子的个性。

告诉自己孩子的个性偏好,比如有些孩子一看到五颜六色的画笔,就会安静下来;有些孩子在堆积木的时候会比较专注;有些孩子喜欢被抱着,拥抱会让他有安全感,在最初入园的几天,就让老师多抱一会儿吧。

战胜分离焦虑,最有效的办法就是转移孩子的注意力。如果孩子能迅速被一样新奇的,他所喜欢的事物吸引,他在离开家长以后,就不会哭太久。

(7)家长的心态。

尽管你做了很多努力,孩子可能在最初入园那几天,还是会哭,会害怕。作为家长,千万不要把同样的焦虑挂在脸上。你可以蹲下来,平静地说:"我知道你不想让妈妈离开,但是妈妈要去自己工作的地方,幼儿园是小孩该去的地方。我们都不能迟到,现在开始分离仪式吧。"然后你拥抱亲吻之后,把孩子交给老师,微笑着跟孩子说再见,坚定地离开。

千万不要跑回去抱哭叫的孩子,你要隐藏起内心的失落感,让孩子觉得一切情况都正常。

"分离"本来是孩子成长过程中必须要面对的一课,坚定向前吧,孩子会更坚强。

你肯坚持，孩子就不会放弃

儿子放学后告诉我，他把自己最心爱的"水晶猴"送给了班上的一个女生，因为那个女生在音乐课上弹奏了钢琴曲《梦中的婚礼》，把儿子给感动了。儿子说他也想弹《梦中的婚礼》，还要学会所有他喜欢的名曲，我说会的，只要你肯努力。

儿子打开琴盖准备练琴，看着他认真而执着的小背影，我忍不住追问了一句："你还后悔妈妈让你学钢琴吗?"

"不后悔! 我要谢谢你，妈妈。"儿子回答。

听到这个答案，我差点热泪涌出。

儿子从 4 岁开始学琴，已经坚持好几年了。这几年里，儿子的学琴之旅是风风雨雨，涕泪交融，尤其是头一年，正是任性而淘气的年纪，要他安静地坐五分钟都难，每晚都要在动画片和练钢琴之间打拉锯战。姥姥总是无比心疼地劝我："别学了，将来又不靠这个吃饭。"我却坚定不移，没给儿子打退堂鼓的机会! 回头细算，这学琴的几年里，除了节假日外出或者生病，儿子没耽误过一天练琴，连我自己都佩服自己的毅力。

为什么要那么坚持?

说起初衷，可能会被圣母妈拍砖——让儿子学钢琴，多多少少是因为自己的音乐情结。我有一个热爱音乐的父亲，小时候物质很贫乏，但父亲还是买了一台简单的收录机，三两盘磁带每日轮回播放，清晨我被《九九艳阳天》唤醒，夜晚又在《军港之夜》里入梦，算是实现了最早的音乐启蒙。可是仅此而已，家里买不起更昂贵的乐器，也没人能教我乐理，我在潜移默化里深深地爱上了音乐，可又无从表达。上音乐课时，老师有时会带来一台电子琴，我偶尔能偷偷触碰一下琴键，都觉得无比满足。上大学后，认识了一位会弹钢琴的朋友,每每见她纤纤玉指在钢琴键上行云流水般地拨动时,心底的感动与羡慕,真是难以言表。

参加工作后,碰巧公司旁边有一家琴行,我便果断去报名学习——久违了几十年,终于夙愿得偿,我分外珍惜这个机会,一练就是好几年,从最初级的《约翰·汤普森简易钢琴教程1》到复杂点的《梦中的婚礼》,从单身小青年到成为身怀六甲的孕妇,是的,我的大宝儿子,在我肚子里,就陪我每天弹钢琴。胎教的功效很好。儿子还在襁褓中时,给他来点音乐,就能瞬间安静;1岁多带他逛街,经过音响店定要停下来一起摇摆;2岁多被姥姥带着跳广场舞,几乎都能踏对节拍;3岁多就主动要求弹钢琴,每天都要乱弹好一阵。都说兴趣是最好的老师,我的儿子对音乐有兴趣,这一点我确信无疑!

既然孩子有兴趣,家里也承担得起,为什么不让孩子学呢?我不想让孩子再重复我的遗憾。

于是从儿子4岁开始,我便让他正式学琴。但是,真正学一项技能,需要付出很多的心血,要学习枯燥的音符,要端正姿势,每天要保持固定的练习时间,结果"兴趣"很快就减弱。再加上老人的宠溺、动画片的诱惑……在孩子还小的时候,如果真是什么都由着"兴趣",只能一事无成。

所以,除了兴趣,更重要的是坚持,是家长陪着一起作战的坚持!

可能会有人疑问:家长陪学或陪读,会不会让孩子形成依赖?

北京师范大学认知神经科学教授边玉芳表示,12岁以下的孩子,意志力薄弱、自制力差,当家长表现出对孩子所学内容的兴趣,并给予陪伴时,孩子面对学习困难会更具坚持性。但是,这种陪伴的坚持,并不是简单地坐在旁边。

就拿儿子学钢琴这事,作为妈妈,我自己也长期保持着对音乐的兴趣,无论是家里的 CD,电脑里的 MP3,还是车载的播放器,都有我多年来精选出的一些世界名曲。

孩子练琴时,我会坐在旁边认真倾听,当他弹得熟练流畅时,我会"流露"出陶醉的神情;当他有些懈怠时,我会自己去弹几曲,或者故意弹错儿子的作业,他就会亲自来纠正。

就这样,一年一年坚持下来,儿子从最初的"被强迫",到逐渐体会到学习的满足感,再到自设目标、自主练习,我想这种积极的影响是长远的,并不仅仅是学会一件乐器。

跟我儿子同时学钢琴的一位邻居,也是男孩,只学了两个月就放弃了,他妈妈一次见到我说,他家孩子好动,坐不住,不太适合学钢琴,打算去改学架子鼓。三个月后,这位妈妈跟我讲,儿子打架子鼓力度不够,也放弃不学了,目前正在寻找武术教练,儿子想学武术。

一个几岁的孩子,除非是天赋迥异,学什么都不会容易,如果家长不肯陪伴坚持,注定只会是一次次选择、一次次放弃。学不会钢琴和架子鼓都没关系,可怕的是孩子习惯了遇到困难就退缩,坚持不了几天就放弃。

我让孩子坚持学钢琴,不是为了让他成名家,夺魁夺冠,而是为了让他能领悟到音乐之美,能有更丰富的人生。更重要的是,通过这个过程,孩子体会到"坚持就是胜利"这一简单而重要的哲理。

坚持,的确是人生最重要的一项品格。我的一位导师曾教导我:在这世上,100％的人都有梦想,能将梦想付诸行动的不足50％,付诸行动后,一直坚持走下去的则不足 1％,最后的成功者,只从这 1％里诞生!

是的,我自己也体会过"坚持"的意义。

当年打算跨专业考研究生时,得知该专业每年的录取名额仅二三十个,而报名现场却来了好几百人,掐指一算,成功概率不到10%。备考半年后正式进入考场,发现竞争者只剩下一百多。在接下来两天的考试里,每考完一科,就会走掉一些人(感觉及不了格,提前放弃),最终能坚持考完所有科目的,不过五六十人。所有坚持考完的人,都有50%以上的录取概率!

而我之所以能把考研坚持到最后,也得益于我母亲的一席话:"别想那么多,既然你决定了,就坚持到最后,考完再说。"

一个人的信心之源,最初都是来自父母的鼓励和信任。

如今自己也身为母亲,我有责任把这种信任传递给孩子,并让他坚持下去,让孩子通过努力赢取进步,让成功的满足感带给孩子"自我认同",那将是意义更深远的自立和自信。

提升孩子"财商",先让孩子成为"有钱人"

周末带儿子去室内儿童游乐场,出发前商量好了只玩 3 项。结果不到 1 小时,儿子就哐哐当当玩光了指标,然后径直走向一款电动恐龙,我提醒他之前的约定,"可是妈妈,我好久没玩这个了,你就答应我再多玩一项吧,反正现在时间也还早……"我看了一下使用说明,玩一轮 10 分钟,费用 30 块,时间是够的,可是,规矩怎么办?

"为什么只能玩 3 项? 我觉得这个规矩不合理。"儿子继续跟我纠缠。

为什么定这个规矩? 除了时间,还有一部分是家庭开支的考虑。然而跟孩子解释这个并不容易,在孩子眼里,父母就是一台行走的取款机,取之不尽,用之不竭,只要他决心够大,理由够多,比如,妈妈你不是说爱我的吗？这么点钱都舍不得;我们家就那么穷吗？别人家都买了……

我多半会禁不住让步,好吧,那就再玩一次;一次之后,孩子铁定会要求下一次,直到我忍无可忍骂他得寸进尺。最终结局是母子俩都气呼呼地回家——既多花了钱,又伤了感情,想起来就冤!

这一次,我在"拒绝"与"同意"之间,找到了另一个方案。

"时间还早,我允许你再玩一次,不过要花你自己的钱,反正你现在是有钱人了。"

"啊？我那些钱挣得多不容易啊!"

"可是妈妈挣钱也很不容易。"

儿子低头不语,盘算一小会:"玩 10 分钟就要 30 块,太不划算了。"他嘟囔了一句就离开了。

年前开始,我每周给孩子发 10 块钱的固定"工资",并且提供额外的"挣钱"机会。儿子目前存款已经三百有余,所以我称他为"有钱人"。

儿子在逐渐成为"有钱人"之后,出现了以下几个变化:

(1)成就感提升、幸福感提升。每周领工资、奖金的时候,满脸洋溢着幸福;无聊的时候会自己数钱玩。

(2)做事更有效率。每天完成作业和其他固定任务的速度加快了,因为要省下时间来挣钱。

(3)生活更有目标了。经常计算:按照这个速度,我下个月就会有多少钱,半年后会有多少钱,什么时间就可以买我想要的×××了。顺带着把数学水平也提高了。

(4)懂得爱惜玩具用品了。从前孩子损坏了家里的东西,挨一顿教训后还是由大人掏钱复原,现在则是"谁损坏、谁负责"的制度,即便孩子买不起,也要找家长贷款买,因此孩子更懂得爱惜家里的玩具用品了。

(5)最重要的一点,也是刚从前面的"游乐场事件"体会到的:儿子明白挣钱不容易,存钱不容易,懂得理性消费了。

现代的教育,除了智商、情商,大家也很注重财商。如何提升孩子的财商?我觉得最有效的办法是让孩子成为"有钱人"。

在孩子没有钱的时候,父母就是他的取款机,随时支取,跟孩子谈节俭都很抽象,更谈不上什么财商。

该怎样让孩子"有钱"呢?下面结合自家养娃经历,说说几个要点。

1. 什么时候让孩子"有钱"?

当孩子认识钱,懂得简单的加减法,并能在父母的指导下完成购物时,就可以试着让他拥有一些钱。这个年龄一般在5岁左右。尤其是孩子对钱特别感兴趣,特别想拥有钱,甚至出现"偷偷拿钱"的行为时,就迫切需要让孩子"有钱"了。

但是,每个孩子的心智发育水平不一样,感觉时机大概成熟了,还需要"试运行"一段时间。

儿子在5岁时,我首次让他掌管一笔小钱,当时正值夏天,孩子在一天之内,从小区的超市里购买冰棍、雪糕若干次,把钱全部花完。因此我将发放零花钱的计划延迟。

儿子6岁时,我曾把压岁钱给他自己保管,结果第二天钱就不知所踪(丢了或者忘记放哪儿了),所以,学龄前儿童并不适合掌握大额钱币。

2. 怎样让孩子有钱?

(1)发放固定"工资"。

这种"工资"可以等同于上班族的基本工资或者底薪,金额固定,发放时间固定,周期性提供,不跟奖惩挂钩,这样才有利于锻炼孩子的计划能力。至于"工资"数额,建议跟孩子的数学水平挂钩,五六岁的孩子,一般有能力进行10以内的计算,就先让孩子学会安排10元钱的用途。

有理财专家建议以"1~2元"乘以孩子的年龄,作为孩子的"周薪"水准。

另外孩子年龄越小,计划控制能力越差,发零用钱的周期应该越短。建议10岁前的孩子一周一次,10岁以上的孩子可以酌情半个月、一个月给一次。

(2)给孩子"挣钱"的机会。

除了基本工资,再给孩子创造一些力所能及的"挣奖金"的机会,让孩子体会"一分耕耘一分收获",对于培养孩子的财商更有益。

但是,孩子分内的事情,并不适合金钱奖励。有个比较容易的判断方法是,如果有一天孩子说他不打算挣这个钱,所以不想去做这件事了,看家长能不能接受。

因此,把完成家庭作业都设成金钱奖励,就明显不合适。

照顾弟弟妹妹是大宝的分内任务吗?一般不算。养育孩子应该是成年家长的职责。但有时候,家长还是很希望大宝能帮忙照顾一下弟弟妹妹,而大宝又不太情愿,这时候,与其强迫大宝,不如用"奖金"激励一下。

3.有钱以后怎么花?

给予孩子充分的自由度,让孩子有足够的空间规划自己的"财富"。

关于钱的用途,我给孩子的唯一限定是:不买不健康的东西。

关于花钱的时间,本来不该设限,但是为了预防孩子成为"月光族",在头几周试行期,我定了这么一个规矩:暂定每周零花钱10元,每周日发放。如果周日前全部花光,下周零花钱降为9元,以此类推,这个有点类似棉花糖实验。

每年的玩具礼物，除了圣诞节、儿童节、新年、生日，或者亲戚朋友赠送，其他都要自己掏钱。周末节假日出去消费，超过家庭预算的，孩子自己掏钱。比如文章开头的游乐场事件。

4.大额压岁钱怎么管理？

鉴于孩子有过丢失压岁钱的教训，我帮孩子开了个支付宝账户，压岁钱全存余额宝，如果孩子想买额外的玩具，就用他自己的账户购买。买之前我给孩子看看利息，告诉他本金和利息的关系，儿子会对"减少本金"的支出仔细权衡，再不像当初要妈妈给他买玩具时那么冲动而急切了。

有句老话说得好：花别人的钱，不知道心疼。孩子有钱以后，才渐渐懂得理性消费，量入为出，这不就是财商的大进步？

至于更高层次的投资理财能力，等孩子年龄够大，"本金"够多，家长再做点拨，都是水到渠成的事。

如何解决"拖延"？

计划上午 9:00 去参观一个图书展，8:40 我开始写一封邮件。写到 9:00 勉强完成点击发送，9:05 分我起身拿包，准备出门，却看见一条微信咨询，我重新坐下来，直到 9:15 才解答完毕。

川爸一脸不满地靠在门口等我，怪我拖延时间。嗯，我承认，我经常拖延。可是他也比我好不了多少。他信誓旦旦要坚持健身，可每次都是不催不动，他相信早睡早起有益健康，可总是拖到晚上 11:00 后才上床。

大多数成年人，多少都有些拖延的习惯。那么对于一个孩子，当他正在专心致志地做着他喜欢的事时，你忽然晴空霹雳地来一句"该出门了！该写作业了！！该练钢琴了！！！"

你指望他会像机器人一样弹跳起来,立刻按照你的指令行动!?

不可能。

所以,怪不得孩子经常会拖延!因为孩子有足够多的拖延理由,就像成年人一样。

原因1:无效的截止期限

反思一下,我为什么把出发时间从9:00拖延到9:15?

首先,9:00并不是一个真正的截止时间,图书展览全天开放,晚一会儿出发没有什么致命后果,而不致命就不能算有效的截止期限。

为什么定了一个无效的截止期限?活动确定以前,我们并没有认真分析,细致地安排时间节点。也没有预估早出发或晚出发的后果。因此,我的大脑里对"9:00出发"并不是特别重视,所以临近出发还安排了一些别的事。

轮到孩子,你规定他晚上7:00开始做作业,他并不清楚为什么必须是7:00。前一天他拖到7:30开始,也没什么严重后果。所以"7:00"就不是一个有效的时间节点,难怪孩子会拖延。

更别提有些家长根本没有计划,总是心血来潮地给孩子指派任务。

原因2:缺少缓冲期或预警机制

我没有按时出发,另一个主要原因是在最后时刻,我还在忙着写一封邮件。写邮件是一件不宜中断的事情。我没有预估好完成这件事需要花费的时间,虽然川爸提前10分钟提醒了我,但这个缓冲期不够,我写邮件花了20分钟。

还是回到孩子写作业的事上,你告诉他7:00要开始写作业,同时允许孩子6:50打开电视看动画片,一集动画片长度约20分钟,你让他看一半突然关机,他肯定不情愿。即便按时坐到了书桌前,脑子里还在联想着没看完的情节。

原因3:没有考虑协作者的时间计划

如果面对一项任务,你认为"这是我自己的事",就会无意识地给自己更多"机动性"。比如参观图书展,如果这只是我一个人的事,确实晚几分钟也无所谓,对我而言,及时回邮件和回微信比"按时出发"更重要。

但是,在我拖延的20分钟里,全家人都为我等候了20分钟,合起来就是很大的浪费。而川爸后来表示,晚几分钟走,意味着更难找到停车位。

你规定孩子在7:00—8:00间完成作业,孩子觉得还早,那是因为他没有把家长协作的时间考虑进来,他或许不知道,妈妈只在7:00—8:00之间,有空进行作业辅导、检查,或者签字。

制订个人的日程计划,一定要跟协作者、其他人或者集体的日程结合在一起。

分析完原因,就很容易解决问题。

1.截止期限不要轻易说出口

不要单方面拍脑袋定任务,也不要心血来潮下指令。孩子也有他自己的生物节奏,对于打断节奏的突发事件,他有权拖延。

真正的任务计划,必须是所有参与者一起制定。要让孩子理解并接受既定的日程,并了解到违背截止期限的后果很严重!

比如孩子作业的时间,从上床睡觉时间倒推,考虑洗漱时间、睡前阅读时间,还有跟作业相关的要考虑家长协作时间,要留出作业检查、签字时间。这些节点跟孩子一起讨论,让他了解计划的来由。

一旦拖延导致截止期限被突破,会有什么后果?让孩子提前了解,自己承担!

那些可以随意突破的截止期限,就是无效的,不要随便说出口。

2.刚性计划和弹性计划

在工作日,孩子的上学时间、家长的上班时间,都是固定的,因此起床时间就是一个刚性的节点。在时间比较充裕的周末,孩子的两小时功课如何安排?可以有一定弹性。

弹性不是不做计划,而是提供给孩子可以选择的计划。

如果上午 10:00 之前完成,妈妈可以在下午带孩子去看一场电影。也可以让孩子选择上午睡懒觉、看电视,作业留在下午完成。甚至可以让孩子选择懒散一整天,作业晚上完成。

把这些选择提前告诉孩子,每一种计划都有不同的优劣和后果。

3.预警机制和缓冲期

我跟儿子一起讨论了很久,制定了一个严谨的时间作息表,每一分钟都被计划得很好。但是在后来的执行过程中,我发现了一些问题。

比如规定早上 6:30 起床,我把闹钟定到 6:30,儿子听到闹铃,就像弹簧一样坐起来,因为他知道拖一分钟就多一分迟到的危险。但好几次,我发现儿子并没有"醒透",也从资料查证到突然叫醒对健康不好。

所以我改设了两个闹钟,第一遍 6:15 响,是轻柔的音乐,给孩子一个缓冲的时间,第二遍才是 6:30 的急促闹铃。

关于作业这件事,我会提前 30 分钟或 20 分钟提醒。每晚7:00 是开始作业的时间,如果孩子想看动画片,我会建议他6:30 之前看。6:50 看完动画片,我再提醒儿子看一下挂钟上的时间,建议他喝点水或翻翻书,不要再插入一件 10 分钟内做不完的事。

是的，我给孩子做了两三次提醒和预警，但真正开始写作业的时间只有一个，那就是 7 点。

那么，当你面对一个习惯性拖延的孩子，究竟应该怎么办？

结合自己家庭的实践，在此总结 5 个解决步骤。

一、诊断"症状"

晚饭后，我跟川爸、儿子，三人开了个小会。采用正面管教倡导的"启发式提问"。

问儿子为什么早上起不来？儿子回答说没睡够。

为什么没睡够？因为睡得晚。

为什么睡得晚？因为做事情、做作业太拖拉。

喜不喜欢天天被我们催？不喜欢。

愿不愿意很快完成作业？当然愿意。

需不需要爸妈的帮助？孩子说需要。

达成共识后，开始下一步行动。

二、买一个大挂钟

买一个大挂钟，挂在客厅的显眼位置。要让孩子有时间观念，先让他学会"认识"时间（学龄儿童大多已经识得钟表）。也有家长会说："我有手机，有手表，看了时间再提醒儿子。"事实证明，"时间"由家长嘴里说出来，和由孩子自己去辨识，效果完全不一样。家庭大挂钟的好处是，方便孩子自己看时间，一家人可以同时看时间，公开又公正。

三、跟孩子一起制定日程安排

把孩子从每天放学开始，该完成的每一件事，都列出来，按先后次序，计算完成时间。一般从截止时间往前推算比较合适，比如以晚上 9：00 睡觉倒推，8：30 是睡前阅读时间，8：00 就是洗漱时间，作业就得在 8：00 以前完成。

当我拿着一张 A4 纸准备给儿子起草日程表时,儿子非常有兴致,要求由自己来写,甚至主动补上漏掉的任务。把一件事做得有仪式感了,孩子参与的积极性会非常高。

所以,建议大家专门找一个不受打搅的时间来制定日程表,在一张干净的大桌子上,铺上干净的 A4 纸,还可以配上几支水彩笔。让孩子主笔,家长参与,一起创作一幅好的"作品"。

四、张贴日程表

制定好的日程表,公开张贴,可以贴在孩子书房,也可以贴在大挂钟下面。

如果孩子的作品不够清晰,也可以在征得孩子同意的情况下,由家长做成规范的电子表格,重新打印出来。

表格设计可以专门留出"执行"栏,通过画钩、画星星或者打分来体现执行情况。

我把儿子的日程表贴在了儿子的衣柜上,以他够得着的距离。一定不能贴太高,因为孩子每天都要画钩来销任务。

五、日程的执行

一切准备妥当。儿子放学回家,头几天总是兴冲冲地一项一项完成任务,然后颇有成就感地去画钩。偶尔跟妹妹玩过了头,眼看时间不够用,我跟川爸强忍着不去催,只是很友善地提醒:"请×××同学看一下大挂钟。"或者"请你看一下日程表,还有多少没画钩。"

做到这五步就万事大吉了吗? 孩子"旧病复发"怎么办?

孩子不是机器人,一张日程表约束不了他的全部行为。有时候,天气、情绪、家里偶尔来了客人,都会导致孩子自觉或不自觉地违背已定好的规矩。

比如，某天，有朋友上门送给孩子们一套新玩具，俩小孩玩过了头，几次提醒，都没效果，结果 9:00 才完成家庭作业，动画片没看成，睡前故事也省略。儿子很懊恼地在 10:00 左右才上床睡觉，第二天一早，起不了床。

睡眠时间少了一个小时，孩子是真起不来，川爸催了几遍不起作用，耐着性子让他多睡了半小时，结果是，等父子俩赶到学校时，早操已结束，校门已关闭。

我跟川爸并没有因为孩子晚起迟到而责罚他，但是，孩子自己尝到了"违规"的后果，想必迟到的滋味并不好受，放学回家，儿子就嘟着嘴说："爸爸妈妈，你们以后多提醒我一下，免得我又睡太晚，起不了床。"

于是，从第二天早上开始，闹钟一响，儿子"咯噔"就坐起来了。

所以，孩子偶尔破坏定好的规矩，就让他自己承担违规的后果，胜过家长一百遍的说教。

孩子偷拿东西，该怎么教育？

我在厨房忙活晚饭，儿子说要自己下楼去玩一会儿。结果这"一会儿"就是一个多小时。等他回来时，却连连表示不饿。我瞟了他一眼，非常满足自得的样子，应该是真的不饿，因为嘴角还挂着食物的残渣。

我高度怀疑孩子自己拿钱去买了零食，但是必须找到证据。于是尾随儿子观察，发现他从裤兜里取出自己的钱包，放回了书柜的抽屉。等他离开后，我偷偷拿出钱包，发现一叠 10 元、20 元的人民币——远远超过了我们给他的零花钱。

真相揭晓，我进到自己的卧室，先闭门思索了 10 分钟。

对于学龄前儿童，偶尔拿钱不算什么大错，反倒是孩子财商发育的标志。

我的忧虑在于：孩子已经年满 7 岁，也完全懂得"偷"和"拿"的区别，并且，这已经不是第一次了。我是该摆出证据给儿子一顿恐吓，还是继续坚持温和而坚定？

思忖良久，我选择了后者。

我耐心询问他下楼后的每一个细节，很容易就抓住了他言辞上的破绽，他开始有了做错事的慌乱表情。

然后我问："妈妈发现家里丢了一些钱，你觉得该不该报警？"

儿子踌躇一会儿，问道："妈妈，如果是我拿了你的钱，你会怎样对我？"

"不会打你，也不会骂你。"

儿子似乎鼓了一把劲儿，全盘说出了实情。

爸爸得知了真相，神情愤懑地走过来，有点儿摩拳擦掌的意思。

"很早就给他讲过这个道理了，看来真是不打不长记性。"

我示意爸爸住口，但是很坦诚地跟孩子讲了我们那一代人经历过的事：小时候邻居家的孩子偷了家里的钱，被爸爸痛打了一顿，那个小孩从此改正错误，再也不拿别人的的东西，因为挨打很疼，他记得很深。

有句老话是"小时偷针，长大偷金"，对于今天这起事件，必须让孩子"长记性"。同时，作为负责任的家长，还要懂得保护孩子脆弱的身心。这看起来很难很矛盾，我一时也拿不定主意，然后全家一起头脑风暴寻找方案。

儿子："我可以保证，以后绝不再犯这个错误了。"

爸爸："口头保证效果不好，5 岁时你就保证过了。"

儿子："不然你打我屁股五下,别打疼就行。"

妈妈："我们说好了不打你,而且不打疼也没效果。"

爸爸："还是先让孩子去'冷静角'反思一下再想办法。"

儿子："怎么反思,就待着不动吗?"

妈妈："你可以把'我再也不拿别人的钱和东西了'多写几遍,这样应该能加深记忆。"

那么写几遍呢?

三人一起商量了5分钟,最后统一确定写100遍。

儿子拿着笔和本开始去写。写到20遍时,他表示有点累,抬头看了我们一眼,仍然埋头坚持;写到50遍时,儿子表示手酸腿麻,要求"减刑"。但是定好的方案不能再改。又过了几十分钟,儿子终于把100遍写完。

他放下铅笔,深呼一口气,大彻大悟般来了一句:"我发誓再也不会做这种傻事了!"

事实再次证明:只要家长肯用心,总能找到文明的管教方法。

其实,对于学龄前儿童,尤其是"初犯"的话,管教方式可以更加温和。因为低龄孩子对所有权的理解跟成人不同,尚未分清"偷"和"拿"的区别。

带着3岁的女儿逛超市,有营销人员提供免费糕点的品尝,我顺手取了一块。等我买完东西回家,发现女儿的衣兜里装着未开封的棒棒糖,来自超市收银台旁边的货架。我知道,女儿还不理解免费品尝跟有偿购买的区别。这个时候,我不会对她说教、羞辱,甚至不必让"偷"字出现。我要做的,是蹲下身,耐心地以孩子能理解的方式解释几种行为的区别。

有位妈妈向我咨询,他5岁的儿子经常偷钱买玩具,一偷就是两三百,多次责罚,屡教不改。

一般情况下,四五岁的孩子开始对钱萌生兴趣,因为他们识得了钱,也识得了数字,还学会了简单的计算,非常希望自己有掌控财务的能力。因此,这个阶段"偷钱"行为最容易产生。孩子的每一次犯错,都是想要成长的呼喊,这是培养孩子财商的最好时机。

后来,我给这位妈妈提出这样的建议:

(1)温和地跟儿子解释"所有权"的概念,给他设定行为的"禁区"——不要触碰任何人的钱包。

(2)家长收拾好自己的钱包或卡券,不要刻意诱惑孩子。

(3)给孩子一定的"财务权",让他拥有自己专属的钱包和零花钱。甚至给孩子提供赚钱的机会。

(4)零花钱数额、发放频次、可消费选项等其他具体事宜,可以开个家庭会议一起讨论,让孩子充分表达,在尊重孩子、尊重家庭等客观条件的前提下,制订一个方案,并坚定执行。

(5)引导他合理消费,并且对每一次花费进行记账(文字或图画)。

一段时间后,我看见这位妈妈在朋友圈晒儿子的"记账单",对于孩子的变化,她感到非常欣慰。

其实在我儿子 5 岁多时,第一次出现"拿钱"问题后,我就按以上五个步骤执行了,长久以来也没出现什么问题,为何 7 岁的他却再次犯错?

后来我知道了更多原委:这段时间我跟川爸都非常忙,所以儿子经常自己去院子里找小伙伴玩,有一次小伙伴给他买了根冰棍,他觉得有必要"回请",但是手头比较紧。然后正巧发现了餐桌上散放的一些钱币(买菜的零钱我没及时收好)。我也记得某天孩子在客厅大叫"妈妈,这是谁的?"当时我正对着电脑查资料,所以只隔着门窗不耐烦地回了句"妈妈忙,别打搅我"。于是,就发生了后面的故事。

所以，孩子有些不良行为，实际上是因为缺少关爱所致。同样，要解决教育的难题，爱，就是最好的"药方"。

说服不了孩子，就坚定撤离

陪儿子参加完艺术节表演，儿子表示有点饿，想吃肯德基。我犹豫了一下同意了，告诫他不要吃太多。

儿子先点了一个汉堡包，狼吞虎咽地很快吃完了，再加一根油条、一包薯条，差不多一个成人的饭量了。儿子吃完一抹嘴，想再来一个冰激凌，我表示反对，因为他吃得已不少，咽炎也没好。

"不行，我就要吃！"

"不行，你不能再吃。"

"不让我吃我就不走了！"儿子露出蛮横无赖的表情。

我努力保持淡定，仔细权衡了一下，摆在面前的有三种选择：

第一种，向孩子屈服，同意他吃冰激凌。这显然不明智，等他吃完冰激凌，极可能再要几块炸鸡翅。

第二种，给他讲道理，说服他。如果他不听怎么办？这是大概率。我的负面情绪会继续积累，好言相劝升级为母子争吵，保不定我会控制不住吼他一顿。

第三种，说完"不"以后，什么也不做，或者撤离现场，降降温。

我选择了第三种。站起身来，走到肯德基的门口，一边欣赏对面的服饰店，一边偷瞟着儿子的动静。十分钟后，儿子走出来，一脸不服气的表情，嘟着嘴往家的方向走。我跟着一起默默回家。到了家里，儿子进自己的房间，关上房门。川爸得知原委以后，打算去给儿子"上课"，被我阻止。

一刻钟后,儿子打开门,拿出他新创作的绘画作品给我欣赏,画的满是冰激凌、薯条和汉堡包,他成就满满、心情愉悦地给我一一介绍,完全忘了刚才的不快。

这一刻钟,我也在反思。见儿子情绪好转,我诚恳地给儿子做了解释:"今天发生在肯德基的事,首先是妈妈不对,我应该在进肯德基之前,跟你商量好具体吃什么,吃多少。其次,洋快餐偶尔可以吃,但是吃多了真的对身体不好。现在,我们一起制定一个'肯德基计划',由你来记录好吗?"

儿子欣然应允,拿出笔和纸。我们一家四口,制定了一个详细的洋快餐适用准则:一个月不超过几次,哪些东西不宜点,什么情况不能吃,等等。一一记录在案。我相信,以后不会再轻易发生类似的"肯德基之争"了。

很多家长在面对孩子的不合理纠缠时,既不能妥协,又难以坚定,一时找不到解决方法,这时候,"撤离"也是一个不错的办法。在此,把关键要点分享给大家:

(1)情绪不好的孩子,听不进"道理"。

回想自己的童年,在自己心情不好时,被大人指责、说教是什么心情? 尽管他们会反复强调"我这都是为你好",但在彼时彼刻,你只想达到自己的目的,很难感受到他们的"好"。

如果你真有一些重要的人生哲理想告诉孩子,最好找一个"母慈子孝、其乐融融"的好时机。

(2)撤离是为了不放弃。

你拒绝了孩子的不合理要求,孩子发脾气,苦苦纠缠,这是非常考验心智的时刻。有些时候,家长最终被孩子的情绪绑架,或者考虑旁观者的眼神,说完"不"不久就屈服成"是"。这是一个比较危险的开端,孩子很快就掌握了控制你的办法,日后会故伎重施,一次又一次,靠发脾气来达到目的。

所以，暂时"撤离"，是为了坚定自己，不给孩子更多有机可乘的侥幸。

（3）坏情绪容易相互传染。

很多文章提倡，父母要控制自己的情绪。但是，真正面对孩子的无理取闹，保持一时的淡定尚可，如果长期保持，那就很难。

坏情绪容易相互传染，个人的"脾气"很容易被他人的"脾气"点燃。

很多情况下，拿熊孩子挑战自己的"理智"不太现实，不如撤离现场，让自己冷静下来。

（4）撤离现场，或者撤离情绪。

离开孩子一小会（让孩子在视野范围内），可以较快地使自己冷静。

如果条件不允许你撤离"现场"，你也可以想办法撤离情绪。比如，不看孩子看风景。或者，平静地看着孩子，把他想象成一只来自外星的小魔兽。

当我面对满地打滚的孩子时，我的脑海里便开始回放某个心理学家做过的实验，把孩子想象成那个实验里的样本，这样，我会非常理智、平静地观察孩子——这是我自己创作的"实验样品"。

（5）"撤离"前需要说明。

"撤离"之前，简短告诉孩子原因。

——孩子因为不合理要求未被满足而发脾气，告诉孩子：对不起，我不能答应你。然后撤离。

——如果孩子是无理取闹，告诉孩子：我需要离开冷静一会，等你平静下来再来找你。

有时候，需要一起"撤离"。

如果孩子在公共场所闹情绪，严重到扰民的程度。你应该先带孩子离开，带到安静的地方或者家里，在跟孩子一起撤离的过程中，你最好保持沉默。

两种方式提醒孩子做作业，效果截然不同

每天晚饭都是儿子先吃完，然后一个人去沙发上"葛优瘫"。我一边吃着饭一边提醒："吃完了就去做作业，早点做完再玩。"

"才吃完，我还得休息会儿。"儿子说。

几分钟后，我提醒第二遍："已经休息一会儿了，赶紧去做作业！"

儿子："我还是没休息够。"

我回斥："你就拖着吧，搞不好今晚又熬夜！"

说完我就接了个工作上的电话，接完电话又发了几条微信，不知忙活了多久，猛然抬头，发现儿子还在沙发上瘫着，忍不住怒火中烧："你怎么还没去写作业？当我的话是耳旁风吧？你写不完作业别去睡觉！"

"行了行了，我知道了！"儿子烦躁地站起身，慢吞吞地去翻自己的书包，整个面部表情、行为动作，都笼罩在一种极不情愿的负面情绪里。

不到十分钟，儿子故意摔着铅笔说："不会写，写不好！"

我怒火中烧，后妈指数蹭蹭蹭升级……

这不是我想要的状态。为了改变，我不停地学习、探索，上培训课。

半年过后，我成为一名美国正面管教协会认证的家长讲师。

现在，孩子每晚的作业前奏大致相同：儿子先吃完晚饭，然后瘫在沙发上玩布偶。

"川川，你之前定的计划是几点开始写作业？"

"6:00。"

"你现在看看挂钟,快到时间没?"

儿子看了一下,回答:"只差 5 分钟了,可是今天晚饭吃得太晚,我想多休息一会儿。"

"没问题,吃多了需要消化一会儿,告诉我你想休息多久?"

"嗯,15 分钟,不,半小时!"

"半小时? 我觉得太长了点儿,要是半小时后才写作业,今天睡前故事就得取消了。"

儿子顿了顿:"那就一刻钟吧。"

"好的,你再看看挂钟,分针指到几是一刻钟?"

"指到'2'我就去写。"

"没问题!"

6:09,我再次提醒儿子看挂钟,他看完就默默地站了起来,很平静地开始写作业了。

分析:

因为坚持执行"温和而坚定"的正面管教模式,我跟孩子之间的亲子关系改善了很多,孩子也更容易沟通与合作。

除了亲子关系,具体的沟通方式也很重要。大多数认为"孩子不听话"的家长,面临的问题跟我从前一样:

"我也想跟孩子好好说话,可是好好说他就是不听啊。"

关于孩子拖延、不听话的问题,前面有文章专门分析过。这里再次简单概括原因:

首先,家长的指令"不合理"(至少在孩子眼里如此)。比如,才吃完就让写作业,动画片看到一半就被勒令弹钢琴。

其次,家长的指令不明确。有时候同意让孩子多休息一会,有时候又不同意。究竟休息几分钟? 为什么必须是这个时间? 孩子没有明确的时间界限,所以拖一刻算一刻。

究竟该怎么做?

首先，对于学龄儿童，有必要制定一个作息表，让孩子养成有规律的生活习惯。我在之前的一篇文章提到过，作息表的制定，要让孩子充分参与，全家一起在"民主"的氛围下讨论，既要考虑孩子的上学、休息时间，也要考虑家人的协作配合时间。定好的方案可以由孩子自己书写记录（配上图片），然后挂在显眼的位置。每天提醒孩子按计划执行。

其次，作息表不是万能的，每天的实际生活难免会有点"小意外"，所以需要给孩子一定灵活的空间。比如，家里来了客人，或者孩子参加某个活动累了。就像我家晚餐的场景，允许孩子在一定范围内调整，但是一定要给孩子"有限制的选择"，再休息十分钟，或者五分钟，选项可以由家长提出，选择由孩子自己定。对于自己选定的结果，大多数孩子都会遵守。

家长跟孩子"沟通"或"提醒"，少用祈使句（telling），多用疑问（asking）。家长的语气或态度，自始至终保持温和而坚定。

养孩子是一场修行，每一道难题都是自己和孩子共同学习的课堂。如果大家还有耐心，我再回放分析一下"提醒作业"的现场。

情景回放：

"川川，你之前定的计划是几点开始写作业？"（半年前我就让孩子一起参与制定了他的"作息表"）

"6：00。"

"你现在看看挂钟，快到时间没？"（以提问的方式，让孩子自己发现客观事实。不是妈妈要求他做什么，而是客观事实要求他必须做）

儿子看了一下，回答："只差 5 分钟了，可是今天晚饭吃得太晚，我想多休息一会儿。"（生活中常见的"小意外"）

"没问题,吃多了需要消化一会儿,告诉我你想休息多久?"
(给孩子一定的灵活空间,通过提问寻找解决方案)

"嗯,15分钟,不,半小时!"

"半小时? 我觉得太长了点儿,要是半小时后才写作业,今天睡前故事就得取消了。"(当发现孩子的选择超限,提出自己的建议)

儿子顿了顿:"那就一刻钟吧。"

"好的,你再看看挂钟,分针指到几是一刻钟?"(继续提问,调动孩子的主动性)

"指到'2'我就去写。"

"没问题!"

(孩子做出了自己的选择)

只要家长给孩子充分的尊重,给他选择的权利,孩子会珍惜自己"做主"机会,也会遵守自己的承诺。

共建规则,彼此尊重,亲子关系从此不同。

第 二 篇

俩宝之家

俩宝之家的幸福，依靠两个"三角关系"

新添一个孩子，会给家庭生活带来巨变。丈夫、妻子、大宝甚至协助带娃的老人，大家的生活、情绪都会经历一场大的起伏，相当于整个家庭关系的一次重新洗牌。

有许多家庭经受住了考验，犹如涅槃重生，二胎后整个家庭的幸福指数提高了。

也有很多家庭，从此陷入泥潭。

在运营公众号"二胎妈妈圈"的过程中，我接触到多起因二胎导致家庭关系破裂，夫妻离婚的案例。

还有更多的挑战，出在大宝身上。

那么究竟该怎样避免这些风险，拥有一个和谐、幸福的四口之家呢？

列夫·托尔斯泰有句名言：幸福的家庭都是相似的，不幸的家庭却各有各的不幸。

在我接触到的上万个二胎家庭里，那些幸福美满、手足情深的家庭，的确都是相似的。

简单概括，这样的家庭，一般都有两个稳定的"三角关系"。

下面，给大家介绍第一个"三角关系"。

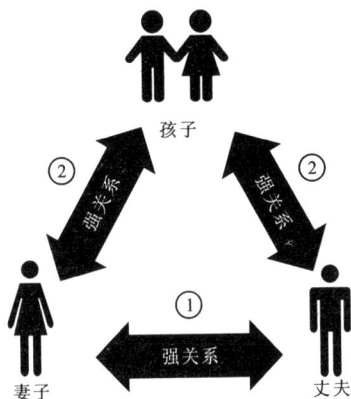

这个"三角关系"是由妻子、丈夫、孩子三方组成的。

大家再看一下三角形上所标识的数字。妻子与丈夫的关系，是第 1 位的关系，是主因；夫妻双方与孩子间的关系，是第 2 位的次序，也可以说是第 1 种关系导致的一个自然结果。

这个"三角关系"揭示的道理是：妻子与丈夫建立亲密信任的强关系，那么夫妻双方对孩子也更容易建立强关系，而愉快的亲子关系，又会反过来促进夫妻关系，从而形成一个稳固的、良性的循环。

许多家庭教育专家、心理学家研究认为：夫妻关系重于亲子关系。这并不是说在家庭之中，必须在任何时间都把配偶排第一位，子女排第二位。在子女的幼年时期，他们的确需要更多照料，这一点是毋庸置疑的。但是良好的夫妻关系，对于夫妻双方身心健康至关重要，尤其是丈夫对妻子的爱和体贴，使得妻子能以母亲的角色，把这种温柔和爱传递给孩子。同时，一位宽容和善的妻子，如果能给丈夫更多鼓励，丈夫也更有信心和积极性，参与到父亲这个角色中去。

良好夫妻关系的建立，并不需要像婴儿一样彼此互相依赖，而讲究的是高质量的陪伴与沟通。

如何建立良好的夫妻关系？这是一个大课题，在此我们不论述细节。

　　"正面管教"创始人简·尼尔森博士认为，正面管教不只是一套育儿体系，它适用于所有的关系，除了亲子关系，也包括夫妻关系。

　　当夫妻之间出现矛盾、问题时，大家可用正面管教的四条准则，来选择合适的解决方案。

　　（1）是否温和与坚定并行？（坚持原则的基础上，给予配偶尊重和鼓励）

　　（2）是否有助于对方感受到归属感和价值感？（让配偶觉得你爱他，并且他被你所需要）

　　（3）是否长期有效？（暴力和压抑或许短期有效，但有长期的负面效果）

　　（4）是否能有助于双方更好地成长？（拥有更多能力和更好的品格）

　　下面，再给大家介绍幸福二胎之家的第二个"三角关系"。

　　在这个"三角关系"里，夫妻双方是以父母的角色，作为一个整体。三角形的三个顶点由父母、大宝、小宝三方构成。

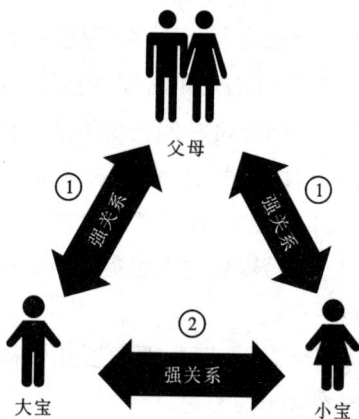

需要大家同样注意一下三角形的三条边上所标注的数字。

在这个"三角关系"中,父母与孩子的关系,是第1位的关系,是首要关系,而两个孩子之间的关系,是第2位的关系。

很多二胎或准二胎家长最爱问的一个问题"怎样才能让两个孩子和平相处,手足情深?"答案就在这个"三角关系"里。

首先,父母跟大宝应该形成强有力的亲密关系(简称强关系);其次,父母与二宝形成强关系。只要这两个强关系建立好了,第三个关系,大宝与小宝之间,就自然而然会形成亲密友好的强关系。

这里所说的两个孩子之间的"强关系",是从整个人生长度来讲的。孩子在年幼时,因为大脑的前额叶皮质没有发育完全,生活经验有限,很容易发生吵架、争抢等情形。但是,这些童年争吵的小插曲,并不会妨碍两个孩子在整个人生中,形成坚固的手足关系。

如果你自己也有同胞手足,不妨回忆一下自己的童年,跟兄弟姐妹争吵的经历,很多人不会记仇,并且总是带着笑容去回忆;而有一部分人却把这种童年往事当成了永久的阴影。为什么会有这个区别?根源在于他与父母之间的关系。

一个孩子与父母,尤其是与母亲的关系,决定了他与世间万物的关系,自然也决定了他与手足同胞的关系。

二胎爸妈必须了解到的是:每个孩子的性格都不相同,可以选择的教育方式也不尽相同,但是在养育二胎的过程中,只需要牢记一条准则:跟每一个孩子,建立亲密的、信任的、强有力的亲子关系,那么所有手足竞争问题,都不是什么大问题,即便暂时有了问题,时间会帮你解决。

哪些年龄段，俩宝之间的"矛盾"最激烈？

我在生二胎之前，其实已经体验过家有俩宝的生活了。

儿子2岁左右时，表妹一家跟我搬到同一个小区。我见证了儿子跟小侄女乐乐从出生到2岁多的共同成长经历。其中的欢乐、友爱、矛盾、冲突，都历历在目。

几年后我给儿子生了个亲妹妹，两个孩子之间的喜怒哀乐、起承转合，与当年跟小侄女相处的状态惊人相似。

后来我又阅读了大量儿童心理学书籍，也接触到更多的俩宝之家，发现两个孩子之间的相处之道，跟孩子的年龄有很大的关系，确实有规律可循。

（1）小宝年龄0~8个月：和平友爱的温馨时光。

小宝刚刚出生，粉嘟嘟，肉乎乎，人见人爱，大宝当然也不例外。女儿刚从医院抱回家，儿子只看了一眼就说"我喜欢"。几个月大时，小宝贝也是吃了睡，睡了吃，有时候还咿咿呀呀地冲哥哥抛媚眼，小哥哥对妹妹也是百般珍爱，妹妹一饿就赶紧催妈妈喂奶，妹妹哭了还帮着哄。

很多俩宝爸妈就此感慨："手足相亲是天生啊！"

其实婴儿自带呆萌可爱的属性，对哥哥（姐姐）而言，他（她）就像一个乖巧温顺的小宠物，哪有不喜欢的道理？然而好景不长，小宝再长大一点，情况就不一样了。

（2）小宝年龄8个月~3岁：矛盾纷争最多的时刻。

从小宝会爬开始，认知能力和活动能力飞速生长，便开始逐渐侵扰大宝的领地。小宝一方面本能地追随大姐姐大哥哥，另一方面不懂得合作。在大宝眼里，小宝就成了一个专搞破坏的小家伙。推搡、抢夺行为开始频繁发生。

乐乐小表妹 1 岁多时,跟我 3 岁的儿子每天抢夺,连张废纸片都可以纠扯得一把鼻涕一把泪。

当女儿长到 1 岁左右时,跟 5 岁的哥哥上演着同样的纠纠扯扯的闹剧。

小贴士:家长可以用心创造一些不容易产生"争端"的环境,比如一起听妈妈讲故事,睡前一起在床上蹦蹦跳跳地玩耍。

如果是一起堆积木、画画、玩玩具,那风险最大,家长一定得划分好各自的"摊位",然后,像城管一样,严加看护,防止伤害的发生。

不要一味地批评、惩罚大宝,尤其是当大宝也年龄尚幼时。儿子当年跟表妹争抢玩具时,我尝试过耐心说服、严厉批评,甚至关小屋惩罚,试图要求儿子"让着妹妹"。效果极其有限。

家长亦不必过于担忧俩宝的感情,因为这只是成长的必经阶段,很快就会过去。

(3)小宝 3 岁以上:打开友好交往的大门。

孩子满了 3 周岁,沟通能力大大增强,也有了一定的"社交需求",并开始出现"合作精神"。对于大宝而言,小弟弟小妹妹也不那么跌跌撞撞、笨手笨脚了,从以往的"搞破坏"进步到能"搭把手"了。

乐乐表妹 3 岁开始,跟我家的大宝成了世上最好的朋友,俩人一见面就十分亲热,一起堆积木,一起看电视,一起吃零食,合作十分愉快,哪记得当年的仇和怨?

而儿子在家面对自己 1 岁多的亲妹妹,反而远不如同表妹那般和谐。我就耐心地劝导儿子:"等妹妹长到乐乐那么大,就能好好和你一起玩了。"

时光荏苒,一晃女儿就到了 3 岁。俩娃渐渐从冲突对立,走向合作同盟了。当两个孩子一起愉快玩耍时,我们做家长的,反而插不上手了。

小贴士:鉴于孩子先天性格的差异,并不是所有 3 岁以上的孩子都能和平相处。如果俩宝依然冲突不断,鉴于孩子们都有了一定的认知能力,家长可通过绘本故事、教育引导,逐渐加深友爱之情。

(4)大宝 2 岁以内:失落无助引发妒忌。

2 岁以内的孩子,离不开母亲的怀抱。当妈妈怀抱里有了另一个孩子时,大宝会嫉妒、失落,以及做出各种反常举动。

小贴士:初生的小宝还不懂得妒忌,妈妈应该把除了哺乳以外的时间,尽可能留给大宝。最好的方法是,等大宝年满 2 周岁再考虑怀二胎。

(5)极端个案,跟年龄无关。

新闻报道中有很多极端大宝,通常年龄已经较大了,会逼迫母亲打胎,逼迫家长写保证书,甚至因为"二胎"离家出走。

其实这种现象跟年龄无关,跟生理发育无关,而纯粹是教养问题了。问题严重的,需要当心理疾病去治疗了。

这种孩子的家长,多半是"温和有余,坚定不足",习惯于对孩子过度满足,让孩子养成了"唯我独尊"的个性。这种孩子肯定还存在多方面的性格缺陷,拒绝"二胎"只是表象之一。

小贴士:如果孩子强烈反对二胎,家长至少要提前一年给孩子做心理工作,比如:带孩子看跟兄弟姐妹有关的电视节目,陪孩子阅读二胎主题亲子绘本,带孩子去有兄弟姐妹的家庭串门。抓住生活中各种片段机会,跟孩子传达有关手足亲情的理念。

更重要的是,要在日常教养中,以温和而坚定的教养方式,让孩子认识到行为界限,并学会尊重他人。

家长可以义正词严地告诉孩子:我们会尊重你的合理需求,你也要尊重爸爸妈妈想再生一个孩子的权利。

/ 温和而坚定地养儿育女——二胎妈妈正面管教践行记 /

那些让人无比心疼的小哥哥和小姐姐

一位妈妈给我微信留言说："刚生了二宝，2岁多的女儿忽然变得不听话，半夜爬起来到处找妈妈，闹得一家人睡不好，讲道理不听，打她几巴掌，也不长记性，真的是无法忍受她了……"

当时我的女儿也刚好2岁。看见那段留言时，我2岁多的女儿也坐在身边，她玩了会洋娃娃，便爬到我身上，伸出手臂奶声奶气地说："妈妈抱抱。"我丢掉手机，把女儿拥在怀里，感觉她那么娇嫩，那么乖巧，肉肉的小脸，萌萌的双眼……我俩脸对脸贴在一起，抱紧一点，再抱紧一点，似乎怎么爱她都不够。

可是忽然，我心里出现一个假设：如果我再生一个孩子，如果我的女儿瞬间变成了姐姐，会是什么情景？

刚刚看过的那段留言，在我脑海演化出另一幅画面：我娇弱的女儿，独自在黑暗里寻找妈妈，在角落里弱弱地哭泣，却引来大人的呵斥和嫌弃……

想到这里，我的眼泪快要溢出，我再一次抱紧我的女儿，也好想穿越网络，去抱抱那个与我女儿同龄的、可怜兮兮的小姐姐。

全面"二孩"政策放开后，不知道有多少弱小稚嫩的宝贝，他们尚在蹒跚学步，甚至尚未断奶，却在某一天突然升级成了"大哥哥大姐姐"。从此，妈妈的拥抱成为奢侈，大人的关爱骤然消失。他们的语言能力还未发育完全，经常只能用哭泣来表达，他们连成人的话都还听不太懂，却忽然被要求"懂事"。

每当看到有妈妈留言责怪大宝不懂事，我就感觉无比心疼。请各位妈妈在发脾气前，一定静下心来，告诉自己：

孩子不可能因为你生了二胎就忽然长大，他（她）依然是一个弱小稚嫩的孩子。

不要因为生了二宝,就嫌弃大宝粗大蠢笨,撒个娇便感到别扭,哭一声就觉得心烦。

新晋级的二胎父母们,请仔细回想一下之前跟大宝相处的时光——你曾每天抱他多少次?讲多少睡前故事?大宝曾经也是那么可爱,那么懂事!

千万别忘记,无论曾经还是现在,大宝依然只是个娇弱的孩子!

虽然我坚信家有俩宝的幸福美好,但忍不住想劝各位妈妈一句:如果可以的话,能不能适当增加一下俩宝的年龄距离,最好不要在大宝3岁以前就生二宝。

因为对于一个不到3岁甚至2岁的孩子,妈妈就是他的全部,他需要被无条件的爱和温暖呵护。对于成年人那些"你是大哥哥大姐姐"之类的教条,他们幼小单纯的脑袋,可能完全不能理解。哭喊、打滚、无理纠缠,只是孩子在失去安全感后的本能表达。讲道理,他们还听不懂;打屁股,除了带来疼痛,没有任何益处。

孩子满3岁以后,才开始有初步的社交需求。如果上了幼儿园,就有了妈妈以外的小伙伴和好朋友。孩子再大一些,还能有更多的兴趣,比如玩具、游戏、阅读。总之,大一些的孩子,可以有更多的事物转移注意力,对于自己成为"哥哥姐姐"的现实,也能有更好的理解。

当然,生孩子并不一定能计划精准,也不是所有的夫妻,可以有条件把握俩宝的年龄间隔。即便大宝年龄已经足够大,嫉妒、失控,也难免会发生。

我们能做的,就是竭尽全力,多想一些"爱大宝"的方法。

一、缓解妈妈的负担

相信一个正常的母亲,如果不是特别累,也不会粗暴对待自己的亲生宝贝。因此,在怀二宝时就应该提前做好各项准备,物质、帮手、沉着冷静的自我修养,一样不能缺。

妈妈安好便是晴天。妈妈只有自己心情好了,才能在辛苦哺育初生小宝之余,还能有足够的耐心和爱心给大宝。

所以,这一条建议也特别写给二胎爸爸,一定要承担起责任,无论物质上还是精神上,一定要让宝妈有一个好的心情。

二、与孩子共情,接纳孩子所有的反常

大多数家庭,在二宝出生头两三个月内,大宝会出现情绪反常和行为反常。比如,不好好吃饭、不肯睡觉、哭泣、打滚,甚至歇斯底里。妈妈不要以为是孩子忽然变得不听话了,好好站在孩子的角度想一想:当他们看见父母带着另一个婴儿回家,就好比你看见配偶带着另一个恋人进门,他们的心情,是多么的失落和无助!

若想治疗大宝的"反常",你只能尽可能地爱他,让他相信自己依然被爱。

所有粗暴的对待、呵斥、打骂,只会让大宝的安全感更差,让他们的行为更加失控。

另外,父母应该有信心,这个反常期不会太长,大宝迟早能适应,甚至会"享受"多添一个宝贝的新家庭。至于这个适应期有多长,就看父母的行为、态度了。

三、特设"大宝亲子时光"

"大宝亲子时光",即妈妈和大宝单独相处的"甜蜜二人世界"。对于已经上学或幼儿园的大宝,可以是上学路上的陪伴,放学回家的散步,温馨的半小时睡前故事。

如果大宝尚未入园,这个"亲子时光"则需要更多、更长。宝妈最好把给小宝哺乳以外的时间,尽可能多地分配给大宝。如果家里有帮手,则宁可把小宝的日常照料交托给他人,让自己有更多时间陪大宝。

"大宝亲子时光"需要一些准备和设计,让有限的陪伴时间,使爱的浓度更高。比如,讲一个特别有趣的故事,玩一个特别的亲子游戏,或者奖赏一个有创意的礼物。

让大宝对此充满期待,才会使他有更多耐心等待妈妈从二宝那里"脱身"。

比如,当大宝看着妈妈抱着二宝温馨哺乳心生嫉妒时,妈妈可以这样安慰:"再过 10 分钟,我俩约会的时间就到了。请提前做好准备,妈妈会给你一个大惊喜哟。"或者,请大宝帮忙做一些事情,让他觉得自己被需要,或者抽出半分钟,拥抱一下大宝就好。

二胎之家的经典之问:"妈妈你更爱谁?"

"我俩儿子经常同时问我:'妈妈你最爱谁?'

我说'两个我都爱。'

儿子们却不满意,继续追问:'真的都一样吗? 你不是经常夸我最棒吗? 有没有爱我多一点?'

面对俩娃期望的眼神,我无从作答。"

"我家姐姐对妹妹也是又爱又恨。经常在我抱小宝时,冷不丁来一句'妈妈你是不是更喜欢妹妹?'

'不是? 那你说说你更喜欢谁?'

我究竟该怎么回答呢? 说一样喜欢孩子肯定不满意 。"

对于大多数二胎之家,这个经典之问是逃不掉的。

而回答这个问题的难度，可以类比另外一个世纪之问：新婚不久的妻子，经常会拷问丈夫："你是更爱我，还是更爱你妈？"

如果丈夫回答："都一样爱。"那麻烦就大了。

伴侣和母亲都很重要，但爱却不能等同。

聪明的丈夫会说："妈妈给了我生命，我会感激一生。而你是那个美丽的、迷人的、我愿意与之共度余生的女人。"

当然还有很多脑洞大开的答案。

关于俩宝之家的经典之问，答题要点如下。

1. 每个孩子都是独一无二的个体，妈妈的爱也是独一无二的

孩子问父母最爱谁，并不是想得到一个简单的、口头的"我爱你"，还包含对"自我价值"的探索和认同，他需要的是父母的鼓励和信任。

父母可以告诉孩子：

每个孩子降临到世间，都是独特的，不可复制的，是世间独一无二的个体。

从宇宙起源，到人类未来，不曾也将不会有另外一个你出现。

你的优点和品格，你自带的天赋，是别人无法获取的。

你所处的位置，是任何人都无法替代的。

知名绘本漫画家山姆·麦克布雷尼在他的经典绘本《你们都是我的最爱》中是这样描述的：

爹地熊和妈咪熊每天都告诉三个熊宝贝"你们是世界上最棒的熊宝宝"。但是有一天，小熊宝宝开始好奇，到底爹地和妈咪最喜欢谁呢？他们不可能都是爸爸和妈妈的最爱呀……

所以，那天晚上，三只熊宝宝问他们的爹地："到底你最喜欢我们哪一个呢？谁才是你的最爱？我们不可能都是最好的啊！"

"可能啊。"爹地熊说。

"我知道这是可能的。因为我听到你们的妈咪这样说的。当她看到你，"爹地熊把老大熊宝宝抱起来搂在怀里，"她说：'那可是谁也不曾看过的最最完美的第一只小熊。'"

"就算没有斑纹？"

"斑纹根本不算什么。"爹地熊一边回答，一边就把他放到床上去了。

"而当你妈咪看到你，"爹地熊抱起了老二熊宝宝，"她说：'那是谁也不曾看过的最最完美的第二只小熊。'"

"就算我不是个男生？"

"女生还是男生，一点关系也没有。"爹地熊一边说着，一边紧紧地抱住她。

"而当你妈咪看到你，"爹地熊举起了最后一只熊宝宝，把他抱进怀里，"她说：'那可是谁也不曾看过的最最完美的第三只小熊。'"

"就算我是最小的？"

"不管大还是小，我们爱你都是一样的。所以喽，三个最爱，你们全都是我的最爱。"

这本书给了每个孩子一个肯定和鼓励：你就是你，你有你的特点，爸爸妈妈爱你只因为你是他们的孩子。

这种"爱的保证"在孩子成长中是最重要和最可贵的，它让孩子安心、自信地成长。

2. 无须爱得笼统，可以爱得"具体"

父母应该回避拿两个孩子同等比较，而应该努力发掘孩子独一无二的闪光点。

比如，对于活泼开朗、乐于表现的孩子，妈妈可以说："最爱你开开心心唱歌跳舞的样子。"

对于敏感细腻、喜欢阅读的孩子，妈妈可以说："最爱你安静看书的样子。"

当两个孩子一起合作玩耍时,妈妈可以说:"我最爱你俩一起开心玩耍的样子。"

当孩子把他们的绘画、城堡,兴致勃勃拿给你看时,你可以蹲下身体仔细品鉴,然后告诉孩子:"这是我最喜欢的一幅画,因为是你亲自创作的,世界上再也找不到跟这一样的作品了。"

孩子听了这样的回答,内心是充盈而满足的,他知道父母对自己的爱,是真实而具体的,他更能懂得自我存在的价值,觉得自己是值得被爱的。

3. 爱是烛光,越多越亮

妈妈可以挑一个安静的时刻,跟孩子们说:"宝贝们,我要和你讲一下我们家的故事。"妈妈拿了一些蜡烛出来,"这些蜡烛就代表了我们一家人。"

妈妈拿出了第一支蜡烛,说这一支代表了妈妈。然后她把这一支蜡烛点亮了:"这个火焰就代表了我的爱。当我遇到了你爸爸的时候,我把所有的爱,给了他。"然后点燃了另一支蜡烛,代表爸爸。

爸爸也被"点亮"了,爸爸的爱,也照耀在妈妈身上。

妈妈拿出第三支蜡烛,对最大的一个孩子说:"这只蜡烛代表你,当你出生的时候,我把所有的爱给了你。但是你看。我给爸爸的爱还在。"

妈妈点燃第四支蜡烛,说这支代表小宝。

"当我们家的小宝宝出生的时候。我的烛光又照在了他的身上,我把所有的爱也给了他。"

"但是",妈妈对着大宝说,"你看你,还拥有我对你全部的爱。爸爸也有我对他的爱。所以你现在看看我们家点燃的这些爱的烛光,是多么的明亮。"

这个小实验就是告诉孩子,爱像烛光,可以同时照亮,并且越多越亮。因此家里多了一个宝宝,就是多了一个爱你的人,而爸爸妈妈对你的爱,就像烛光一样,依然全部照在你的身上。

儿子让人进步,女儿让人幸福

很多养儿子的家长,常忍不住表现出挫败感。有个妈妈说:"我想生二胎却又害怕,万一再生个儿子,我这辈子就毁了!"

儿子不是洪水猛兽。但雄性基因里特有的那些不安分因素,在男孩身上会有所体现。作为一儿一女的妈妈,我真切体会到孩子因性别差异而导致的行为反差。而养育儿子过程中遭遇的困难,也超过了以往几十年考场、职场所有的挑战。

我曾在欧洲某个国家,面对一个评审团,里面有各种不同肤色的专家教授,以其独特的口音向我的论文发难。

我也曾体验过一家超高强度的公司,以"分钟"为单位给员工下达任务,忙得经常忘记午饭,夜里三点还得起床加班!

然而,自从生了儿子,回首以往的那些困难,真的都算不上什么挑战。

因为,"人"永远比"事"更难对付! 尤其是面对一个天外来客似的熊孩子,什么"勤能补拙",什么"付出总有回报",通通都会失灵! 有时候你对孩子越用心,问题反而越多。

男孩的听力,通常不及正常人的十分之一,一句话对他说十遍,他也未必听得进去;

男孩的耐心,也不及正常人的十分之一,他会因为一块积木不好,而拆毁整座城堡;

男孩的精力、活力和破坏力,却能超越一个成人好几倍,他可以整天不眠不休,可以瞬间把客厅弄成战场。

有时候面对着杀气腾腾的儿子,我脑海里常涌现出"天将降大任于斯人也……"

是啊,这世界但凡有所成就的伟大人物,哪一个不是一路坎坷?

在养儿子的过程中,我开始研究儿童心理、儿童教育,甚至研读《人性的弱点》。在养儿子的过程中,我变得身体强健、博才善辩……

为了让儿子每天按时起床上幼儿园,我所做的理论研究、科学实验,差不多可以写一篇学术论文。

万一哪天我不小心成为著名的教育家、思想家、心理学家,那都是拜儿子所赐。

自从生了儿子,宝爸进步也不小。为了建设好家里这个"建设银行",宝爸的事业心、进取心,都空前高涨。

所以,有个儿子,挺好。万一生了俩,更强!

再说养女儿的感受。提起"女儿"两字,美好的情感涌上心头。就在我坐在电脑前写这些文字的时候,一岁半的女儿,摇摇颤颤地走进书房,来到跟前,伸开双臂,学着儿歌里的腔调说:"妈妈抱抱我,妈妈亲亲我!"我的心,瞬间就化成了一摊蜜汁儿……

每天清晨,女儿都是笑眼弯弯地醒过来的,然后十分配合着穿衣服、拉臭臭,嘴里还哼唱着自己原创的小歌谣:"爸爸笑、妈妈笑、哥哥笑……"

每当我将做好的饭菜端上桌,女儿就一路兴奋地跑过来,还欢快地叫着"吃饭饭,吃饭饭"。而客厅一角的某位小男生,任凭叫上三五遍,依旧无动于衷地堆他的积木。

我时常跟宝爸感慨：跟咱家女儿在一起，真是心情舒畅、延年益寿。

朋友圈里有女儿的妈妈格外喜欢晒幸福。6 岁的笑笑给妈妈编织了条可爱的毛巾做生日礼物；9 岁的童童，每晚把妈妈爱吃的口香糖塞进上班用的提包里。

女儿让我如此幸福，我还有什么理由，不去倾尽毕生的所有，让女儿也拥有一个幸福的人生……

儿子让人进步，女儿让人幸福。这是一个儿女双全的妈妈最真切的感悟。

也许有人要说了：事情哪有那么绝对？ 明明我的儿子就挺懂事听话；为啥我的女儿让人心烦头疼……

那更要恭喜了，您将会生活在不断进步的幸福中！

面对手足纷争，家长该做"法官"还是"翻译"？

很多二胎妈妈苦恼于孩子间的争抢打闹，然而这是你必须每天面对的情景。

有专家研究指出，年龄较小的兄弟姐妹平均每小时要争吵 7 次，只有 10％ 的能够和平解决。

同胞争斗不是大事，但父母在这些争斗里扮演什么角色很重要。一部分父母选择放手，让孩子自己解决矛盾，这的确能锻炼孩子，不过弱的一方总会吃点儿亏；另一部分父母努力扮演"法官"，惩恶扬善，主持正义，却总有孩子感到不公平，甚至加深矛盾。

有没有其他方法呢？ 其实在"放手"和"法官"之间，父母还可以充当一种角色：翻译。

情景重现——妈妈当裁判

场景:周末下午,5岁的大宝和2岁的小宝都在搭积木。

大宝:搭建完一座"城堡",正在得意地欣赏。

小宝:把手伸向"城堡",推翻了大宝搭好的"城堡"。

大宝:气愤地推开小宝。

小宝:摔倒,哇哇大哭。

妈妈:从厨房出来,首先把哭泣的小宝抱在怀里安慰,同时质问大宝"为什么要打弟弟?"

大宝:是弟弟先推倒了我的积木。

妈妈:批评怀里的小宝,推倒哥哥的积木是不对的,应该跟哥哥道歉。

小宝:哭得更厉害,语无伦次。

妈妈:掉转头接着批评大宝,虽然弟弟不对,但是你打人的错误更严重,应该你首先道歉!

大宝:面对一地散落的积木,妈妈的斥责,以及被妈妈护在怀里的捣蛋鬼弟弟,也委屈地大哭!

华川点评:妈妈看似在积极解决问题,努力分辨对错,结果却非常消极:两个孩子都更加难过,哥哥对弟弟的嫉妒也加深。

情景重现——妈妈当翻译

场景:周末下午,5岁的大宝和2岁的小宝都在搭积木。

大宝:搭建完一座"城堡",正在得意地欣赏。

(在一个孩子眼里,他的"城堡"、他的玩具,就是他生命的全部,孩子会非常珍惜,家长也应该尊重)

小宝:把手伸向"城堡",推翻了大宝搭好的"城堡"。

(低幼宝宝,常通过"触摸"来认知世界,他的"破坏"并没有主观恶意)

大宝:气愤地推开小宝。

（大宝的反应看似粗暴，却也是一种本能。人类大脑负责情绪控制的前额叶皮质直到青春期以后才能发育完全）

小宝：摔倒，哇哇大哭。

（孩子哭泣有几种原因，一是遭到抵触而心理受伤，二是身体受伤）

华川点评：孩子只有与年龄相称的不当行为，不会有重大的错误行为。一个成熟的家长，不会轻易把"错误"的帽子扣在孩子头上。孩子们之间的问题，大多是因为合作能力有限，同时"沟通不畅"。

妈妈：走到两个孩子中间，略带惊讶但保持温和："我听到有哭声，这里发生什么不愉快的事情了吗？"

（在一个情绪化的现场，父母一定要首先控制自己的情绪。同时，让孩子描述事实，而不要主观判断）

大宝："妈妈，弟弟把我的'城堡'推到了！"

妈妈：拿起一块散落的积木，"哎呀，我猜刚才你搭的'城堡'一定非常棒，现在倒了真是可惜，我也好难受。"

（父母应拥有同理心，替孩子把难过的原因表达出来，对孩子就是莫大的宽慰）

小宝："哥哥推我了，打我了！"

妈妈：仔细查看小宝的身体，确定有没有受伤。然后问："我知道你摔倒了，一定很疼，我也不希望再发生这种事。你能解释一下为什么哥哥会推你吗？"

（给每个孩子表达的机会）

小宝："我喜欢'城堡'，我想摸一摸。"

妈妈：对大宝说，"看来你的'城堡'真的是特别棒，弟弟看见太激动了，想摸一下，结果用力太大，城堡就倒了。"

（充当小宝的翻译，重新向大宝解释缘由）

大宝:"可是我的'城堡'是很辛苦才搭起来的,我要弟弟赔我的'城堡'。"

妈妈:"我也认为必须赔你的'城堡',待会儿我们一起想办法重新堆一个。可是如果弟弟摔伤了,要疼很长很长的时间,该怎么赔呢?"

大宝:默不出声。

(大宝心里有想法,可是难以表达,这时候又需要妈妈充当翻译,把大宝肚子里的话说出来。)

妈妈:对小宝说,"我知道哥哥刚才不是故意要打人的,可能是太生气了,他堆好一个'城堡'很辛苦啊,下次你想摸,可以轻一点吗? 或者先问哥哥可不可以?"

妈妈:对俩宝说,"我知道你们两个今天都很生气,生气的时候应该怎么办呢? 待会儿咱们讨论一下,可以有很多很多的办法,但是'动手打人'是最差的办法,因为身体受了伤,谁都赔不起! 咱们以后不要动手好不好? 哥哥不能打弟弟,弟弟也不要打哥哥。"

(虽然两个孩子难免打架,伤害也未必有多大,但家长需要让孩子从小明白:"打"是最差的选项)

妈妈:"好了,现在一起动手重新堆个'城堡'怎么样? 哥哥当老师,弟弟当小兵吧。"

(两个孩子一起重新堆起了"城堡",也许还是配合得不好,但他们也从妈妈对待自己的方式上,慢慢学会心平气和,理解对方。)

总结:

无论是孩子与孩子之间还是父母与孩子之间,他们绝大部分问题其实都是"沟通不良"的问题。

瑞士儿童心理学家皮亚杰早在他的专著《儿童的语言和思维》里指出：儿童的语言和思维与成人的有着质的区别，而不是像以前人们所认为的那样仅仅是知识存在量的差别。并且，孩子在"听"与"说"两方面并不是同步发展的。

因此，当孩子们之间出现矛盾争斗时，父母首先做的不是裁决对错，因为清官都难断家务事。

父母首先要做的是充分"移情"，模拟孩子的思维方式，帮孩子把哭闹、喊叫以及其他肢体语言，"翻译"成他们真实想表达的意思。

总之，要做好孩子们之间的感情连接，父母是最好的桥梁。

当小宝侵略大宝

晚饭刚吃完，我跟川爸还在餐桌上喝茶，俩娃已经滚进玩具堆"开战"了！

"我要玩这个！"

"这是我拼好的坦克，你不许抢！"

"不行，我要把它拆开重新拼！"

3岁的妹妹跟8岁的哥哥争夺积木坦克，毫不示弱。

"你们快把妹妹抱走！"哥哥叫道。

川爸瞟我一眼，我的茶水还没喝完，不想参战。

"这种情景该怎么处理？"川爸问我。

"让他们自己再抢一会儿，很快就有结果了。"

如果这时候我们把妹妹抱走，妹妹会觉得我们偏心哥哥。

如果我们帮妹妹要哥哥的玩具，哥哥的心里更不好受。

不如让他俩自决胜负。

妹妹到底不是对手,一分钟后,哥哥抢回自己的积木坦克,拿进自己的房间,锁上了房门。妹妹瘫在地毯上哭。

川爸有些心疼妹妹,但是哥哥并没有错。

这套积木是妹妹出生前买给哥哥的,这个积木坦克也是哥哥花费了很多时间的劳动成果,妹妹强抢强拆毫无道理。

哥哥的表现不算完美,但也合情合理。

首先,他有权捍卫自己的东西。

其次,他已提前跟妹妹亮了底线:"这是我的,你不许抢!"

再次,他向爸爸妈妈求援:"你们把妹妹抱走。"

最后不得已,哥哥才推开了妹妹,钻进了自己房间,并没有实施其他故意的伤害。

我们教过女儿很多次不要抢东西,在家里不要抢,在幼儿园不要抢,在游乐场也不要抢……但她总记不住,这一次体验,也算一个教训。

"那现在我们应该做什么?"川爸问。

"安抚一下失败者。"

我把妹妹抱起来,妹妹还在委屈地说:"我就要抢哥哥的积木!"

"知道是哥哥的你还要抢?如果别的小朋友抢你的玩具你会不会生气?"

"我会生气。"

"那你以后不要抢别人的东西了,好吗?"

"可是我就想玩!"妹妹仍然愤愤不平。

"妈妈教你 3 个办法,或许能玩到哥哥的积木,想不想听?"

妹妹立马止住哭泣,竖起耳朵。

"第 1 个方法,你挑一个好玩的玩具去跟哥哥交换。"

"第 2 个办法,你跟哥哥分享一下你的巧克力。"

"第3个办法,等哥哥不玩了,你再玩。"

"我选第2个,因为哥哥喜欢吃巧克力!"

妹妹立刻阴转晴,甚至兴奋起来。周末分配给俩娃的巧克力,大胃哥哥一次性吃光,妹妹却还攒着不少。

于是妹妹拿着巧克力颠颠儿地去敲哥哥的门:"哥哥,你想吃巧克力吗? 我给你分享。"

不愧是属老鼠的哥哥,听见巧克力就立刻开门,但还是有些狐疑。

"哥哥,给你!"

妹妹干脆把巧克力递到哥哥手上。哥哥接过巧克力,边吃边坐回客厅沙发。

妹妹又颠颠儿地凑过去:"哥哥,现在能让我玩你的积木了吧?"

"好吧。"哥哥同意了,果然是吃人嘴软。

"但是你不能玩太久,不要给我弄坏。"哥哥还是不放心。

"我保证不弄坏! 我能玩多久呢?"

该让妹妹理解一下"时间"概念了。我用晾衣架指着墙上的大挂钟,跟俩娃一起商量,最后一致决定:当分针指到"3",妹妹就该还给哥哥了。

妹妹玩一会儿积木,看一下挂钟;再玩一会儿,又看一下挂钟;她的兴趣已经被挂钟吸引,仿佛一种全新的游戏;当分针指到"3"时,妹妹立刻把积木还给了哥哥,如释重负一般。

大宝接过积木,我摸摸他的脑袋说:"刚才跟妹妹争积木这事,你没有做错什么,但是,希望下次你能做得更棒。"

大宝若有所思地点点头:"嗯,我知道了。"

许多二胎妈妈,整天担心大宝欺负小宝。但随着小宝一天天成长,有了独立活动能力以后,也经常扮演"侵略者"的角色。尤其是当小宝到了两三岁的执拗期,自我意识增强,物权概念不清,负责管理情绪的前额叶皮质又没发育好,因此常常成为家庭战争的发动者。

该如何处理小宝对大宝的挑衅呢?

(1)当大宝"安全可靠"时。

如果大宝年龄更大,情绪管理能力较强(6岁以上的学龄儿童),并且从父母那里得到了足够的爱,不对小宝存有嫉妒之心,这样的大宝就是"安全可靠"的大宝,不会对小宝造成过多伤害。

当这样的大宝偶尔被弟弟妹妹挑衅时,父母可不着急介入俩宝的争斗。让小宝适当地碰碰钉子,也是很好的学习机会。

(2)当大宝"不安全"时。

大宝年龄低于6岁,自控能力差,在平时与小宝相处时,也常扮演"侵略者"。

当这种类型的大宝被弟弟妹妹侵犯时,可能会有过激反应,父母需要尽快介入。

首先是预防小宝受到伤害;其次,是做好俩宝之间的沟通桥梁。父母介入时,不需要把自己当成裁判审判对错,而应该充当翻译,引导两个孩子更有效地沟通、合作。

(3)如何教育爱抢东西的小宝?

"抢不到"的自然后果,对孩子本身就是一种教育。父母要做的,不是强迫大宝分享,而是教会小宝合作共赢的方式,比如:拿玩具交换、零食交换、等待,等等。小宝尝到过甜头,很快就学会运用。

(4)如何引导爱打人的小宝?

对于年龄太小的孩子,并不能理解"打人"的后果,通常会把手舞足蹈的抓打当成沟通方式的一种。家长要温和地握住挥舞的小手,对着孩子的眼睛,温和而坚定地说"不"。家长也可以握着小宝的手，轻轻地抚摸一下大宝，引导说："这样轻轻碰一下就好，哥哥(姐姐)已经知道你的想法了。"

(5)父母的态度。

孩子们的每一次争斗，都是学习成长的机会，也是锻炼父母沟通能力、管理能力的机会。面对机会，父母不需要恼怒，对不对？

家有俩宝，究竟该"小让大"，还是"大让小"？

儿子从幼儿园带回一件手工作品，妹妹颠颠儿地跑过去讨要，儿子像护命根子似的揣在怀里。

"你是哥哥，应该让着点妹妹，给妹妹玩一下吧。"川爸替妹妹央求。

"不行！这是我自己做的手工玩具。"儿子回答。

"你怎么一点都不懂得谦让呢？你看人家大牛对弟弟多友爱。"川爸严厉教导。

"就是不行！妹妹总是搞破坏。"儿子依然态度坚决。

我前去阻止了川爸。即便儿子在爸爸的"淫威"下把玩具让给了妹妹，也是一肚子怨气。

其实中国传统的伦理道德并未提倡"大让小"，甚至更倾向于"小让大"。《弟子规》里说"首孝悌、次谨信……兄道友，弟道恭"强调一种兄弟姊妹互相友爱，还略带"弟弟首先要对哥哥恭顺"的含义。

"谦让"这事演变到现代社会，几乎变成了"大让小"的代名词。每当孩子们在一起玩耍发生争执时，家长们本能的反应便是训斥大孩子："你是哥哥(姐姐)，应该让着弟弟妹妹。"

大概因为"小"的力量有限,在竞争中处于"弱势群体",也容易受到伤害,所以,家长才会站在"小"的一边,助他一臂之力。

凡事过犹不及,对于"小"的过度保护与倾斜,也可能导致"恃弱行凶"的另一种不公平。孩子最能察言观色,如果依仗着大人的庇护,撒泼打滚就能达到目的,长大成人后,也会沿袭这种错误的行为观。

那么究竟应该"大让小",还是"小让大"呢?

其实,谦让跟"大小"没有关系。尊重,才是最重要的前提。

只有当孩子合理的、正当的需求得到尊重,"谦让"才会正常地发生。

如果孩子不肯谦让,不愿分享,一般有三种情况:

(1)孩子权属意识比较强,你的就是你的,我的就是我的。

孩子在两三岁时,开始萌发权属意识,懂得区分出"你""我"的界限。即便再大一些,甚至成人以后,依然不少人保持这种人格特征,待人接物处处保持距离,两不相欠。

(2)敏感,而且完美主义。

孩子有时候不分享是害怕其他人弄坏自己的玩具,甚至有点瑕疵都难以忍受。大多数孩子在 3 岁左右都会经历这样一个阶段,部分孩子的"完美主义"敏感期延续到四五岁以上,甚至直到成年。

(3)自我意识过强。

自我意识过强主要表现是不但不"谦让",还强抢对方的东西。这种行为习惯需要矫正。但也要分年龄,对于争抢,发生在两三岁孩子或七八岁孩子的身上,性质完全不一样。

想让孩子懂得分享与谦让,必须让他感受到分享与谦让带来的快乐。家长可以按照以下步骤来实现。

(1)尊重每个孩子的独特个性。

不同的遗传基因导致每个孩子有不同的个性,有的谦和、宽容,有的敏感、自我。不能用乖孩子的行为准则来要求所有的孩子,如果孩子的"思想觉悟"一时达不到家长的要求,也不要急于求成。

(2)公平为先,让孩子的正当需求得到满足和尊重。

享受原本属于自己的玩具或者美食,是一个孩子的正当需求,家长也没有权利剥夺。"仓廪实而知礼节",就是这个道理。

"公平"并非意味着绝对的"等量分配"。比如,分配零食,两个孩子,年龄不同,肚量不同,大的多吃一点也算公平。另外,给爱吃香蕉的孩子多分一根香蕉,给爱吃葡萄的多分几颗葡萄,按照孩子的个性满足其合理需求,也算公平。

(3)引导孩子逐步体会"谦让"的快乐。

有些孩子,因为"谦让"而得到大人一句赞美,就会获得极大的精神满足。

也有部分孩子,期望得到更多的"实惠",才愿意首先"付出"。这时家长可以引导说:"你把玩具让给弟弟玩一会儿,下回弟弟有了新玩具,也会给你。"(这种承诺需要尽快兑现)

甚至可以许诺,宝贝今天表现很好,妈妈晚上要给你讲一个非常棒的故事。

有家长担心"实惠"会让"谦让"变得功利。其实不然,我们将"实惠"作为一个原动力,首先激发孩子"谦让"行为的发生,发生次数多了,孩子也会习惯成自然,更关注精神满足。

(4)让孩子自己学会利益交换、互惠合作。

家长做了几次引导之后,让孩子学会自己进行玩具交换、互惠合作。弟弟想要哥哥的玩具,来找家长求援,家长应该鼓励他自己去跟哥哥谈判。久而久之,孩子学会的不仅是谦让,还有更多处世的能力。

分析完理论,下面再说说具体的场景应用。

场景应用一

哥哥将在幼儿园制作的"挂钟"玩具拿回家,妹妹想要,哥哥拒绝。

宝妈首先教育妹妹:"这个挂钟是哥哥的,哥哥不同意你玩就不能玩。"这句话也是说给哥哥听的,表明一个家长应有的公平态度:尊重每个人的物权。

妹妹还是想要。

宝妈问妹妹:"你为什么非要玩哥哥的挂钟呢? 是不是觉得哥哥做的挂钟特别棒?"

妹妹点头。

"嗯,让我看看,儿子,你的挂钟真的很棒,怪不得妹妹想玩呢。"

"可是我怕妹妹撕坏了。"哥哥说出了自己的理由。

宝妈:"这样吧,由妈妈拿在手里,只允许妹妹轻轻摸一下,保证不会弄坏,行不行? 这个挂钟实在太可爱了……"

哥哥松开了手,同意妈妈的建议,妹妹很懂事地轻轻摸了一下,摸了两下,停止了哭闹,露出了微笑。

宝妈接着对妹妹说:"哥哥的玩具真棒是不是? 说'谢谢哥哥'吧,下次我们有了新玩具,也送给哥哥玩好不好?"

妹妹懂事地说了"谢谢",又点了点头。

哥哥完全放松下来,默默接受现实,很快也被别的玩具吸引住了。宝妈却不能放松,小心翼翼地看护着妹妹,承诺哥哥的一定要做到:不让妹妹撕坏哥哥的挂钟。

场景应用二

哥哥到手一个新玩具，自己玩兴正浓。无论宝妈如何"威逼利诱"，就是不肯放手。这时候，宝妈严正声明："这个玩具是你的，你有权不让妹妹玩。但是，下次妹妹过生日有了新玩具，你也不许要妹妹的！你能保证吗？"

宝妈与哥哥双眼对视，然后将"你确定吗？你真的确定，如果下次妹妹有一个比这还好的玩具，你也不需要妹妹借给你玩？"重复三遍。

"如果你确定，你就重复一遍：'以后妹妹有了好玩具，我也绝不会想要'。"

哥哥坚决保证遵守游戏规则。宝妈也彻底放弃，抱着妹妹一边玩去了。

二胎妈妈最害怕的事情——孩子们同时生病

我曾发起过一场话题讨论："二胎妈妈最害怕什么？"

大家几乎异口同声："最怕俩娃同时生病啊！"

谁说不是呢？真是怕什么，来什么。

小长假后，我家两娃也陆陆续续地感冒、咳嗽，拗不过川爸的坚持，一大早把闺女送到儿研所看病，一进医院，挤挤攘攘大半天，还好儿子病情不重，仍能坚持上学。

夜深人静，俩娃终于入睡，我在断断续续的咳嗽背景音里，回复读者咨询。

又一位妈妈问："我家俩娃同时生病了，怎么办才好？"

一旦生病的事实发生，怎么办都不会太好。

最好的办法还是防患于未然吧。

因此,我们先研究一下怎样避免俩娃交叉传染,同时生病。

一、未雨绸缪:生二胎前可以做的

1.保持俩宝一定的年龄间隔

很多准二胎妈妈爱探究俩宝最佳的年龄间隔。从"降低大宝传染小宝疾病"这个角度,将俩宝的出生年龄间隔,控制在 3 年以上更合适。准确来讲,在生小宝时,大宝年满 3 周岁,已入园入托,最好已经度过半年左右的入园适应期。我曾在《左宝右贝——二胎妈妈育儿经》里有详细介绍,在此赘述一遍:孩子年满 3 岁左右,大部分常规疫苗已经接种完毕,身体已具备一定的免疫力;孩子刚进入幼儿园时,群体生活会导致一个疾病高发期,度过这段适应期后,孩子的免疫力将大大增强,生病概率极大降低。因此,小宝受大宝传染的概率也随之降低。

2.提前对大宝分床、分房

疾病传染概率跟"距离"成正比,俩宝同床共寝最容易相互传染。如果在二胎出生以前,大宝已经完全适应与父母分房睡,则母亲的育儿压力将极大地减轻。

如果俩宝同床,一宝生病,妈妈就会非常纠结心疼:是不是要"抛弃"一个孩子让别人带着睡?

3.生二胎前,先把大宝养得强壮

什么样的孩子生病少? 除了饮食、睡眠等基本生存条件,户外活动是提升孩子免疫力最好的方式。许多专家建议学龄前儿童每天应该保持户外活动 3 小时以上,冬天也不应低于 1 小时(雾霾天除外)。

给大宝建立良好的饮食作息、生活卫生习惯也很有必要,比如:外出回家先洗手,饭前先洗手,脏了随时洗手……养成洗手习惯的孩子,被要求接触弟弟妹妹前必须先洗手,也很容易接受。

此外,严格按照国家规定给孩子接种各类疫苗,这是为人父母的基本常识,不作过多强调。

二、生二胎以后需要注意的事

俩宝用品严格区分。毛巾、水杯、牙刷等接触身体的物品,一定要做好明显的区分标志。值得一提的是,许多大宝在小宝刚出生时有行为倒退状态,倒退的现象之一就是模拟小宝,使用小宝的用品(奶瓶、奶嘴、玩具等),这正是病毒、细菌传染的重要媒介。

让大宝喜欢享用自己专属用品的办法,就是让大宝自己挑选购买。也可以用小贴纸或者画笔,在大宝用品上添加他最喜欢的图案(动物玩具图像或者特殊符号)。

大宝生病了怎么办,需要隔离吗?

二胎之家若有一娃生病,另一娃都有被传染的可能。理论上讲,小宝被大宝传染的概率更高,因此,我们重点论述如何避免大宝传染小宝。

至于是否需要隔离生病的孩子,一看疾病种类,二看孩子年龄,三要看有没有条件隔离。

我将日本著名儿科医生松田道雄所著的《育儿百科》里关于疾病传染的内容,整理成以下表格,供大家参考。

小宝 0～12 个月期间易被传染的疾病

小宝月龄 疾病种类	0～1 个月	2～3 个月	4～5 个月	6～7 个月	8～9 个月	9～12 个月
普通感冒						
百日咳						
链球菌感染						

续表

疾病种类 ＼ 小宝月龄	0~1个月	2~3个月	4~5个月	6~7个月	8~9个月	9~12个月
手足口病			▒	▓	▓	▓
哮喘						
中毒						
脓包疮						
麻疹			▒	▒	▓	▓
风疹						
水痘	▒	▒	▒	▒	▓	▓
荨麻疹						
腮腺炎						
结核						
猩红热						▓
痢疾	▒	▒	▒	▓	▓	▓
伤寒	▒	▒	▒	▓	▓	▓

图例

▒ 传染可能性低,后果不严重,适当隔离

▓ 传染可能性高,后果较严重,建议隔离

█ 传染可能性极高,后果很严重,一定隔离

对于以上表格的说明:

(1)同一种疾病,对于不同年龄(月龄)孩子的威胁程度是不一样的。

(2)小宝0~4个月(部分孩子到六七个月),从母体自带免疫力,被传染的可能性较低。

（3）小宝4个月以后，易被传染，但有些疾病，比如水痘，感染越早反倒症状越轻。

（4）随着宝宝渐长，疫苗接种种类越来越多，某些本来有风险的疾病传染概率会降低。

在具体的隔离方式上，建议母亲将主要精力用来照顾生病的孩子，把另一孩子交托给其他人暂为照料。

如果治疗过程中，家长跟孩子要往来医院很多回，回到家里一定记得换衣洗手，再接触另外一个孩子。

孩子生病是家长最不愿面对的事情，如果事情已经发生了，该调理就调理，该治疗就治疗，过度焦虑也无益。就像我，经常在熟睡孩子的咳嗽声里，一边写文章，一边阿Q式地安慰自己：孩子正在跟病毒作战呢，他即将获得新的免疫力，病好以后会更强壮！

（资料来源《育儿百科》）

你以为的"手足相残"，不过是孩子在表达亲昵

晚饭后，兄妹俩不知为什么事大声争吵起来，川爸嫌聒噪，于是教育哥哥说："别再跟妹妹吵了，妹妹小你那么多，吵赢了也没什么意思。"

哥哥说："我没跟妹妹吵，我在跟她讲道理。"

"是的，我们没吵架，"妹妹坐在宝宝椅上一本正经地声援，"我在和哥哥聊天呢。"

"好吧，是我想多了。"川爸尴尬地冲我一笑。

呵呵，有时候我也会想多。

比如,中午我在厨房做饭,听到外面传来妹妹的"惨叫",我放下锅铲就往外跑,还没赶到现场,惨叫又变成了呵呵大笑。然后我看见哥哥抱着妹妹,从他卧室出来,将妹妹笨拙地搁到沙发上,刚搁下不久,妹妹又起身跑进哥哥卧室捣乱,然后哥哥又像搬运工一样把妹妹"搬"出来,俩娃又笑又叫,乐此不疲。

好友帆妈,刚添二宝不久,每天大儿子放学回来,先去摇篮看弟弟,然后对着弟弟的胳膊、脸蛋又捏又掐。

"他干吗总是虐待弟弟?"帆妈忧心忡忡。

"也许是你想多了,帆帆可能是在对弟弟表达亲昵。"

家有俩宝,总会有各种摩擦和纷争。

著名心理学者曾奇峰老师曾指出:当父母用欣赏的眼光看待孩子的这些行为,那这些行为就会越变越有爱。但如果父母粗暴地干预,把这当成虐待,那最后就真的变成虐待。

如何把"虐待"理解成爱?

我们来举一个简单的例子,《红楼梦》里的贾宝玉,温厚博爱如万人迷,却总会被一个人添堵、虐心,那个人是谁呢? 当然是最爱他的林妹妹。

俗语说的"不打不相识""相爱相杀",大概也是这个道理。

为什么有很多大人总说老大嫉妒、仇恨二胎? 是因为他们自己对二胎也犹豫不决,他们把自己对生二胎的疑虑投射到了老大身上。然后老大就把他们担忧的事情全部表现出来了。

理论上讲,两个天真无邪的孩子之间,不可能产生真正的仇恨。如果孩子们之间真的有了仇恨,那都是家长负面情绪的投影。

"爱"的反义词不是"恨",而是"无视"。

所以,孩子们之间的争斗纠缠,就是他们建立感情、表达亲昵的一种方式。请家长放下成见,乐观其成。

当然，孩子毕竟是孩子，有时控制不好行为的力度，也会造成无辜的伤害。父母的监管责任，也不能疏忽。

在面对俩宝争斗时，父母究竟应该怎么做？

什么情况下"不干预"？

当孩子们的"斗争"仅限于"口头之争"时，你可以理解为孩子们正在锻炼演讲能力和辩论能力。家长完全不必干预，如果觉得"噪音"太大影响到自己，可以让孩子们到他们自己的房间去。

正面管教创始人简·尼尔森在强调处理孩子们之间矛盾的方法时，首推的就是"不干预"。看似有些"不负责任"，但在大多数情况下，都是明智的选择。

首先，孩子们之间所谓的争吵打闹，可能只是他们在探索与人相处的方式，也或许是在表达亲昵。

其次，即便是真的发生了矛盾。比如一娃冒犯了另一娃，一娃遭受了还击，那也是孩子认识世界、体验挫折的一个过程。孩子可以从一次冲突中学会：这个世界存在界限，并不是全部属于自己。

因此，没必要出现一点风吹草动，就去粗暴地破坏一场聊天或者游戏。

一、什么时间必须干预？

如果矛盾激化到有哭喊、有求助，或者有可能出现人身伤害时，就到了父母该出面的时候了。

即便如此，父母也不要把孩子们之间的矛盾等同于成年人。小孩即便打架，伤害也不会太重。当时的仇怨再深，过一刻也会烟消云散。想通了这一点，父母才能面对一地鸡毛，保持淡定。

二、如何正确地干预？

大致可分六个步骤：

第一步，查看有没有伤害发生。如果有孩子挨打并且哭泣，父母可以抱起他，给予安慰，但不要着急责骂另外一个。

第二步，倾听。请孩子们安静下来，轮流描述事情经过。

第三步，当翻译。有时候小的那个孩子可能还说不清楚，父母就得充当"翻译"，根据情形判断，帮孩子把自己的真实想法表达出来。

第四步，充分移情，表示理解两个孩子的感受。比如"你很喜欢哥哥这个玩具是不是？妈妈也觉得哥哥这个玩具好玩，好想玩一玩"，或"自己的玩具被别人抢走很恼火吧，我特别理解你的感受"。

第五步，专注于解决问题，让孩子一起参与讨论。如果当时找不到好的方案，先让孩子们转移注意力，从冲突的情绪中解脱出来。

第六步，制定规则。即便孩子们在冲突中采取了"错误"的举动，也不是孩子的错，因为没人告诉孩子该怎么做。因此，找一个大家都平静的时间，全家人坐在一起，共同商讨一套规则很有必要。让孩子充分发言，提供多个可行的方案，最后让孩子自己选择一个。孩子对于自己参与、自己做主的事情，通常会更加负责。

总之，要正确介入孩子们间的冲突，并不是件容易的事。

只要没有人身伤害发生，就尽量放手让孩子们自己解决。争吵打闹，并不会恶化手足感情，真正影响同胞之情的，是父母的过度袒护、焦虑以及粗暴的干预。

你怎样对大宝，大宝就怎样对小宝

"妹妹，你快下来！"

"不行，我就要吃番茄烤面包！"3岁的女儿自己搭椅子打开冰箱的门，倔强地叫唤。

本来晚饭吃得好好的，川爸跟哥哥商量明天的早餐，想到了一个创意，并起名叫"番茄烤面包"。

"我也要吃番茄烤面包，我现在就要吃。"妹妹推开还没吃完的米饭，兴奋地大叫。

"不行，那是明天的早餐，先把晚饭吃完。"川爸表示反对。

哥哥也表示反对。小姑娘觉得全世界都在和她作对，于是任性地离开餐桌，拖把椅子到冰箱门口，高高地站在椅子上伸手够冰箱的门，嘴里吵着叫着不停歇。连妈妈也劝不好。

僵持了一会儿，哥哥放话说："你先平静下来，好好跟我说，我帮你做好吃的。"

"你刚才说什么？"妹妹止住了语无伦次的叫唤。

哥哥把刚才的话重复了一遍。

妹妹居然真的从椅子上下来，颤颤地走到哥哥面前："你现在就给我做好吃的！"

"你能好好跟我说话吗？"哥哥相当矜持。

妹妹一字一顿地说："哥哥，请你帮我做个番茄面包，好吗？"

"很好，我这就去做。"哥哥满意地点头。

我跟川爸相视一笑，默默地看着哥哥从冰箱里取出面包和番茄酱。

既没有阻止也没有协助，因为在我的脑子里，快速回放着另一幅相似画面，仿佛就发生在昨天——

/温和而坚定地养儿育女——二胎妈妈正面管教践行记/

一个淘气的男孩搭椅子高高地站在冰箱门口,小胖脸倔强又气愤——一定是在几分钟前,他想吃某种食物遭到了拒绝。

"川川,你快下来。"

"不行,我就要吃……"川川挂着眼泪、鼻涕说。

这时候,妈妈放下手里的事情,气运丹田,深呼吸三大口,以尽量平静的语气对男孩说:"你先平静一下,好好跟我说,也许我能帮你。"

男孩花了好几分钟才真正平静下来,抽噎着说:"妈妈,我想要……"

"好的,我知道了。可是现在吃那个有点不合适,要不然给你做个南瓜派,也非常好吃哟。"

男孩犹豫了一下,觉得主意不错。

"好吧,妈妈你赶紧给我做!"

"你应该怎么对妈妈说话?"

男孩一字一顿地:"妈妈,请帮我做一个南瓜派。"

"很好,我这就去做。"

生二宝已经 3 年多了,这个淘气任性的男孩,已经做了 3 年的哥哥,如今面对同样淘气的妹妹,越发有了点小家长的样子,经常有板有眼地去"教育"妹妹。至于"教育方式",则完全模仿了我,从台词,到语气,连神情,都是惊人地相似。

都说孩子是家长的复印件。真正找到科学依据,还是因为学习了正面管教。

在 一次正面管教课堂上,美国专家讲到了"镜像神经元"这个概念。镜像神经元(mirror neuron)是意大利的科学家首先在猴脑上发现的,随后,美国科学家通过对一批癫痫病患者的治疗,在人脑中也证实了镜像神经元的广泛存在。科研人员把这样一种具有特殊"魔力"的神经元,称作"脑中之脑"和"大脑魔镜"。

举个例子,一个成人对着一个襁褓中的婴儿反复做吐舌头的动作,婴儿也会条件反射式地吐舌头。大一些的孩子,会模仿更复杂的动作和场景。即便是成年人,镜像神经元也在充分发挥着作用,会议现场,主持人忽然莫名其妙地笑起来,然后所有在场的人都控制不住地笑了,尽管都不知道笑点在哪儿。

所以我们就很容易解释"母亲的情绪容易传染给孩子"这个道理。一个母亲,常常对自己的孩子微笑,那这个孩子极可能也非常爱笑。反之亦然,一个悲观抑郁的母亲,养出来的孩子也会同样情绪消极。

家里若是有好几个孩子,这种"镜面反射"就更加复杂生动了。

大宝失手摔坏了一个杯子,遭到妈妈一顿怒骂,没过多久小宝摔了大宝的玩具,可以想象,大宝会是怎样的反应。

许多家长抱怨大宝爱打小宝,有一种可能就是,孩子反射了大人的行为。挨过打的孩子,很快就学会了:如果别人惹我生气,我也可以动手打。既然大人打不过,就找个小家伙练手吧。

过度溺爱,也会形成镜面反射。很多家庭在生二胎之前,对大宝是有求必应的:如果只有一个苹果,肯定全给孩子吃了;孩子想要什么玩具,也是二话不说就买。等有了二宝,你再对孩子说教:这是大家的,要懂得分享……这个弯就转得太急了。

"镜像神经元"的原理告诉我们:比起听到的,孩子们更愿意接受他们所看到的。

面对一个爱搞破坏的淘气包,除了打骂怒吼,家长也可以平和地跟孩子沟通,一起商量解决问题的办法。

当这个孩子成了大哥哥大姐姐,在面对一个比自己更小的淘气包时,他也会懂得克制住脾气,专注于解决问题。

面对孩子,父母最需要的是一颗"同理心"。即真正站在一个孩子(矮小、脆弱、心智不成熟、能力欠缺)的角度去思考问题。

比如,5岁的哥哥训斥2岁的弟弟不听话,妈妈通常会过来圆场说:"弟弟还小不懂事呢。"这是在要求哥哥具有同理心。

可是当5岁哥哥无意犯了错,妈妈的吼骂责罚直接就上来了,却忘了5岁的孩子,也只是一个孩子。

许多新添二宝的家庭,剧情都是惊人地相似。起初,大宝对肉乎乎的小宝很是好奇,甚至流露出自然的喜爱。然而好景不长,大宝忽然出现很多反常的举动,甚至故意伤害小宝。

究竟该怎么办呢?有许多焦虑的妈妈四处寻找答案。

能怎么办呢?好好爱大宝吧。被爱喂饱的孩子,不会嫉妒。

要想大宝爱小宝,首先好好爱大宝。

你怎样对大宝,大宝就怎样对小宝。

答案就是这么简单。

俩宝妈妈的岁月静好,就是看着大宝哄小宝

饭后女儿想喝酸奶,川爸从冰箱取出酸奶和吸管,"啪"的一声插好递到女儿面前,女儿瞬间崩溃:"我要自己插吸管!我不要这瓶!我要换瓶新的自己插!"可偏巧这就是最后一瓶,看着大哭的女儿,川爸一脸怆然。

我赶紧给大宝关上房门,怕影响他练钢琴。大宝已被哭声搅扰,他说:"妈妈,能不能让我停一分钟,我去把妹妹哄好?"

我点头同意。大宝从琴凳上下来,小跑到客厅,蹲在妹妹面前,温柔地说:"妹妹你别哭了,明天哥哥给你好吃的。"

妹妹抽噎着说:"什么好吃的?"

211

哥哥："就是你最喜欢的白巧克力,上次我没吃完的。"

妹妹哭声渐微。

哥哥又问妹妹:"你是自己在这待一会儿,还是去我房间听我弹钢琴?"

"我要去哥哥房间。"

8岁的哥哥一把抱起30多斤的妹妹,笨拙地拖到自己床上放下来。

妹妹已经完全不哭了,拿起哥哥床上的漫画书翻看起来。

哥哥冲我得意一笑,然后重新坐回琴凳。

"哥哥,这画的是什么意思啊?"

哥哥没弹几声,又被妹妹打断,立刻从琴凳上下来,去给妹妹一页一页地讲解漫画。

我看了看时间,大宝的钢琴作业又该延误了,可我真不忍心破坏眼前的画面。

睡前故事时间到,妹妹抱着绘本坐在床上等,我手头的事还没理清,于是再请哥哥代劳。哥哥开心地爬上主卧的大床,靠在床头给妹妹读绘本,读完一本又一本,直到我全部忙完,妹妹已经睡眼蒙眬。

"妈妈,你看我把妹妹快哄睡着了,就让我陪她睡吧。"

"我怕妹妹不会答应。"

"我就要跟哥哥睡……"妹妹迷迷糊糊地回应。

3年多来,女儿几乎每个日夜都由我亲自陪睡,我一度担心她过度依赖妈妈,将来分床不易。没想到,她居然主动提出不让妈妈陪睡。

我帮兄妹俩关上灯,轻轻退出主卧,又在门外倾听了一会儿,只听见哥哥像个小大人一样叮嘱妹妹:"不要乱踢被子,小心把自己冻感冒。"

半小时后,主卧完全没了动静。我再轻轻推门进去,俩娃已完全睡着。

在幽暗的光线里我静静看着均匀呼吸的俩宝,心里飘出八个字:"现世安稳,岁月静好"。

兄妹手足,是多么神奇的一种关系!

仿佛前一刻,俩娃还争东抢西闹得哭天抢地。

仿佛上一秒,小宝还黏在妈妈身上躲大宝。

而一眨眼,俩娃就结成了小同盟,连爸爸妈妈都要让位。

这一切,是怎么发生的呢?

仔细想想,自己也并非一个十分勤奋的母亲。

我并未告诉哥哥"你必须要谦让妹妹",也没叮嘱妹妹"你必须要爱哥哥"。

更多时候,我是懒惰地放手,平静地"坐山观虎斗"。

他俩要一起玩,就一起玩吧,哪怕是对哥哥显得多么弱智的游戏;

他俩要一起吵,就让他们吵吧,不怕嘴笨的那一个受了委屈;

他俩要打闹起来,我通常也只做个安全防御。

事实证明,俩娃在一起相处的所有点滴,无论喜怒还是哀乐,都不多余。

他们在每一刻的共处中学会如何相处,在每一次的摩擦冲突中一起成长进步。

如果我担心带俩娃太累,将他俩分开抚养;如果我过度保护小宝,神经兮兮地排挤大宝,那么我将很难看到今天这般和谐美好。

为人父母,对于孩子们成长最大的贡献是什么?

仔细想来,不过是一份乐观从容的态度,一个和谐安稳的家庭。

关于二胎的养育，我最该分享的经验是什么呢？

简而言之就是四个字——"乐观、平和"。

一、乐观

家有俩宝是件十分美好而幸运的事，在大宝蹒跚学步时，我就这么乐观地憧憬。当二宝女儿如愿降临时，我更是满怀感恩觉得深受上天恩赐。即使在一人带俩宝，最为疲惫不堪的时刻，我也从不后悔自己的决定。

只要有了乐观的心态，孩子们带来的所有挑战，都可以让父母能量升级。

说阿Q精神也好，腻味鸡汤也罢，事实真的就是，越乐观越坚强，越努力越幸运，家有俩娃的生活，的确一天比一天美好了。

二、平和

当孩子在地上打滚时，你可以平和地等他发泄完再抱起；当孩子哭喊着提无理要求时，你平和地说"不"就足够；当俩娃争吵时，你可以平和地当一名倾听者或翻译。

孩子因为大脑尚在发育中，情绪失控是挺正常的事。只要家长保持情绪平和，孩子迷失的情绪，就容易找到归路。

父母的心平气和，就是最伟大的教育。

日复一日，年复一年，孩子会从父母的行为里获得自己的行为指南。如果你曾耐心、温和地照顾过大宝，大宝自然也会爱意满满地照顾小宝。你的乐观平和，终将浇熄所有焦虑、妒忌的火焰，迎来越来越多的岁月静好。

静待花开,俩宝妈妈的春天一定会来

吃过晚饭女儿想喝酸奶,刚递她一瓶小手又伸过来:"给哥哥一个。"

喝完酸奶儿子很认真地说:"妈妈,我有一个计划。"

"什么计划?"

"明年妹妹不是要上幼儿园了吗? 我想每天去接她放学。"

"可以啊,你放学得早,接妹妹完全来得及。"

"嗯,等我长大些,妹妹放学后就交给我了,妈妈就不用那么忙了。"

我看了一下日历,2015 年 12 月 28 日,虽然天气尚冷,但我明显感觉到,春天就要来了。

2013 年 4 月,妹妹出生,儿子认真地观察了摇篮里的小婴儿,郑重其事地说:"我喜欢这个宝宝。"犹记得那一刻,初夏的阳光,透过窗帘照在两个孩子的脸上,就像一大一小两个温暖的苹果,我愉快地憧憬着四口之家的美好生活。

可是,夏季的天气最是不可捉摸,时而温暖热烈,时而狂风暴雨。

哥哥早上上学,因为扣不上衣服的扣子而大哭起来,伤心得不明所以;放学回家,又因为在外面玩得不够而大哭,哭得声嘶力竭,姥姥劝不好,玩具哄不停。我放下怀里的二宝,静静走到儿子身边,对着那张伤心的泪脸,做了一个决定:"孩子,从明天开始,妈妈送你上幼儿园,接你放学,可好?"儿子终于止住哭泣。从家到幼儿园中间那一段 10 分钟的路,成了最难忘的母子亲密时光,我牵着儿子的手,谈心、聊天、拉家常,他最喜欢听的就是自己刚出生时候的模样。他说好想做个小宝宝,也让妈妈抱,我一把抱起这个沉重的小家伙,说现在也可以抱啊……阳光逐渐回到儿子的脸上。

二宝两三个月了,会咯咯咯笑了。四口之家,进入宁静和谐的秋季。

妹妹的小脑袋瓜,总随着哥哥的动向转个不停。而哥哥也越来越有兄长的样子,妹妹哭了就帮忙找妈妈,妹妹拉了就帮忙递纸巾。妈妈忙着做饭时,哥哥就守在摇篮边上,拿着摇铃逗妹妹。

妹妹四个月时,一家四口出游,哥哥像个小警犬一样,生怕我们把妹妹弄丢。犹记得准备打道回府的那一天,爸爸开玩笑说把妹妹就送给酒店了,哥哥瞬间就崩溃地大哭,又蹦又叫地骂我们俩狠心……这种玩笑,这辈子不敢再开了。

妹妹快满 1 岁了,开始进入好奇心满满的探索期,而哥哥却还没过完他的秩序敏感期,俩娃摩擦不断,矛盾升级,俩宝之家的暗黑冬季正式开启。

哥哥铺开了纸笔准备搞创作,妹妹也挤过来,偏要拿哥哥手里的蜡笔,哥哥若不依,妹妹哭出的哈喇子都可以打湿整张画纸。

哥哥兴致满满地要搭建一座高楼,妹妹则提个袋子把积木一块一块地收走。

哥哥花一上午时间把自己的画作贴满一整面墙,妹妹花一下午一张一张地把它们撕下。

讲道理,妹妹听不懂;教谦让,太强求哥哥的道德高度。很多时候,我就像一个城管,要很耐心地给兄妹俩划分摊位,也要随时介入纷争,充当翻译。

《麦田守望者》里的哲学:守护,就是最好的教育。

两个孩子之间不断的摩擦、竞争,时而又妥协和好,这是他们了解彼此的过程,也是他们认识真实世界的一种方式。

我从不把这些小争斗上升到道德高度,对哥哥进行批评;我也不担心这些竞争会影响到手足之情。在不发生安全事故的前提下,我只是耐心守望。

　　度过一段阴晴不定、笑泪交融的季节,妹妹已长到 2 岁多了,或许是因为家里有个哥哥引导互动,妹妹的语言能力、行动能力,发育得十分迅速,无论是吵架争斗,还是游戏配合,跟哥哥已经是平起平坐的节奏。

　　他俩会依偎着翻看同一本绘本,看到有趣的情节一起笑得前俯后仰;兄妹看动画片的口味也近乎一样,那是最难得的和谐时光。但是,两兄妹的争斗依然在继续,而且从"武斗"上升到"文斗"。

　　哥哥拿着"金箍棒"在客厅卖弄才艺,妹妹也会拿根棍子去一比高低,若不看护好,几分钟后,打架游戏就会变成真打架。

　　哥哥气呼呼地说妹妹:"你这个调皮蛋!"妹妹毫不示弱地回应:"你才是捣蛋鬼!"

　　一位法国育儿专家说:如果孩子们可以清楚地说话,他们就可以清楚地思考。

　　2 岁的妹妹,说话已经会用"因为""所以",而 6 岁的哥哥,已经上了小学,更应该学会知书达理。

　　这个阶段,我开始将两个孩子,作为平等的小大人一起教育。

　　文明的行为,先从语言开始。

　　在家里,经常出现的场景是:妹妹指着哥哥手里的玩具大叫"我要我要",而哥哥则本能地回复"不给不给"。

　　这一天,我拉着女儿的手,一字一顿地教她:"你这样跟哥哥说:'哥哥,请你把手枪借给我玩一下好吗?'"

　　句子似乎有点难,女儿像学绕口令似的练习了三遍,哥哥认真又好奇地等待,等到妹妹说了完整的一句话,竟非常配合地就把塑料手枪递给了妹妹。

妹妹拿到手枪,一次性地就学会了说"谢谢"。兄妹俩都很满足的表情,似乎妈妈陪他俩玩了一个很有仪式感的小游戏。

"请""你好""谢谢""再见",通常被认为是成人世界的社交礼仪,但在欧洲人的育儿理念里,使用"敬语"并不是成年人的专利,而是从孩子学说第一句话就开始教起。

通过几次尝试,我发现孩子们其实并不排斥使用敬语,并且在文明语言的暗示下,孩子们的行为也显得更加"绅士"和"淑女"。

下一步,我则要教会他们协作互助。

"妈妈现在有点忙,你不如让妹妹陪你玩吧,她有的是时间。"

"可是妹妹不会玩呀。"

"不会你可以教她,她现在就是你的小兵。"

听到"小兵"两字,哥哥立马一副带头大哥的自信模样,开始教妹妹玩捉迷藏的游戏,虽然妹妹每次都傻傻地藏在门后,哥哥却也不嫌弃地陪她玩很久。

吵着哭着,笑着闹着,两个小孩感情渐浓,渐渐到了难舍难分的地步。过完年,妹妹就可以考虑上幼儿园了,而放学接送这件事,又被哥哥主动包揽。经过几年夜以继日的煎熬,我这俩娃的妈妈,似乎可以长舒一口气,迎接春天的到来了。

一年之后,妹妹 3 岁,哥哥 7 岁。

俩娃已磨合得十分和谐,感情浓得不好形容。

比如,哥哥放学回家,总是先问妹妹在哪儿。妹妹有时被带出去遛弯儿,哥哥烦躁得不行,一遍一遍地催着把妹妹带回家。

妹妹一进家门,就是蹦着笑着奔向哥哥,哥哥也会同样很幼稚地蹦跳一阵,傻笑一阵。

有一天儿子忽发感慨："我长大了还是不结婚了，娶老婆太麻烦。"我说："那怎么行？难道你一个人过一辈子啊？"儿子胸有成竹地说："有妹妹陪我啊。"

至于争抢东西，偶尔也会发生。只是哥哥多半会把矛头指向大人，"为啥只有一瓶酸奶？我跟妹妹不够分啊。"

读过《左宝右贝——二胎妈妈育儿经》的妈妈都知道，我家儿子曾经是个超级难养、超级任性的"高需求宝宝"。

这几年下来，终于从一个胡搅蛮缠的浑小子，成为一名背书包的小学生，也有了很多"大哥"气质。

若说是我教育得好，实在是受之有愧——我宁愿相信是时间的作用，是孩子们自己慢慢长成了他们该有的样子。

两个孩子，三年多来，一千多个日日夜夜的龙争虎斗，他们自己慢慢磨合成了现在的和谐光景。

我一直说，对于孩子，尤其是学龄前孩子的养育，是三分教，七分等。作为家长，我们的努力大约只发挥了三分作用。如果说一个孩子是百分之百被父母塑造出来的，那可能会是个悲剧。

最后，总结一下我们自己该做的那"三分"。

一、信心和心态

坚信生二胎是一个正确选择，无论对自己，还是对大宝。坚信血浓于水，俩娃会成长为不可替代的手足。

许多妈妈从怀二宝开始，就对大宝怀着深深的愧疚之情，仿佛是做了一件对不起大宝的事。有这种情绪也算正常，但千万要适可而止。孩子是非常敏感的，父母的情绪会直接映照在他幼小的心灵之上。比如，我带 2 岁多的大宝走过一段没有路灯的夜路，是带着恐慌的"逃窜"——直到现在，我家大宝都非常非常的怕黑，夜里都不敢独自上厕所。

所以,对于二宝的到来,全家都该当成一件喜事来对待。大家乐观、开心,大宝也会被这种情绪感染。如果全家人都当大宝是个"小可怜",那他就真的成了"小可怜"了。

除了二胎问题,作为家长,尤其是母亲,拥有乐观、自信的心态,也非常重要。大家都知道让孩子拥有自信很重要,但你可知这种自信极大地来自母亲的"传染"?

我的母亲文化程度不高,收入很少,却一直非常乐观、自信,小时候听她说得最多的就是:"现在的时代真好,日子过得真不赖,你投胎到咱家真是走了运呢。"潜移默化里,我从小觉得自己特别幸运,从投胎开始就幸运,长大以后,虽然也遭遇过一些波折、坎坷,但一直对生活充满信心。

所以对于二宝的到来,最好欢天喜地对大宝说:"哇,你好棒啊! 有了个弟弟(妹妹),可以升级当哥哥(姐姐)了!"

二、把握底线,灵活育儿

现在的育儿理念非常多,许多家长会被一些网络文章吓出焦虑症:千万别这样做……孩子会有一辈子的阴影;千万别那样做,会害了孩子一生……

身为俩宝妈,在时间精力比较有限的情况下,不要钻"精细育儿"的牛角尖。比如饮食方面,完全可以跟大人一道做、一起吃,只要把饭菜做得稍微软烂一些、清淡一些即可。至于哄睡还是分床,也没有统一规则。若是有精力,心甘情愿,就一人带俩娃睡;要是自己承受不了,就给孩子分床,只要你下定决心,也没什么分不了的。夜奶或母乳喂养也一样。孩子的成长过程很长,你有很多时间来爱孩子,不必计较那几个分离的夜晚或几口夜奶。

至于底线,一是安全,二是尊重。这两条底线,所有家长,在任何时间,都应该严格把控。我在前面的文章已专门论述。

三、掌握规律、静待花开

俩宝相处的状态，大致有以下三个阶段：

（1）二宝出生两三个月以内。大宝会失落、沮丧，甚至行为失控。这是一个客观事实，无论家长提前准备是否到位，俩宝年龄间隔是否合理，大宝都需要一个适应期。这个适应期短则几周，长则两三月，但迟早会过去，父母尽量多陪陪大宝，不必过度焦虑。

（2）二宝七八个月至两三岁。俩宝的摩擦冲突会比较多，这是因为小宝有了行动能力，又受本能驱使爱追随大宝，干扰大宝。这时候家长需要观察，保证没有人身伤害。至于"尊老爱幼"之类的说教，其实意义不大。家长想让孩子学会分享，不如以身作则，以自己的行动来示范。比如，我会经常跟女儿说："请把你的小兔子借给我玩一下好吗？我拿小熊跟你换。"不久，女儿就会模仿同样的句式跟哥哥交谈。

（3）如果不出什么意外，小宝 3 岁以后，基本就春暖花开了，即便没到春天，也不那么寒冷了。

俩宝妈妈们，保持信心，乐观向前吧！

第三篇

"华川家庭课堂"答疑精选

🔓 家长求助

昨天是周末，我带着女儿去邻居家做客，她表现很不好，一到邻居家就吵着要吃零食，我想着马上就要开饭了，不想让她吃零食，我尽量以平和温柔的方式引导她，她却很生气，还向我喷口水，嘟着嘴说："我讨厌妈妈，你是坏妈妈。"还举着手准备打我。每次去朋友或邻居家，我都是与人彬彬有礼，不想吼她骂她破坏气氛，可她每次总为一些小事没有满足她而爆发，还特别爱伸手打人，我都不敢带她去别人家做客了……

🔑 华川答疑

（1）一个4岁多的孩子，由于大脑前额叶皮质没发育好，容易情绪失控是正常的，但是并不意味着我们可以允许她以伤害性的、不尊重他人的方式表达情绪，包括打人、说脏话、喷口水等，如果孩子出现这种行为，一定要及时制止。

（2）正面管教强调"温和与坚定并存"，当孩子做出伤害性、不尊重他人的行为时，尤其不要忽视了"坚定"。

坚定的方式有几种：

① 立即阻止。当孩子伸手打你时，坚定地握住她的手臂，目光坚定地看着她说："你不可以打人。"这时候孩子可能会挣

扎、哭闹。你不要心软、松手,坚定地握住她的手臂两分钟以上,直到她确认不再打你,你再松开。如果松手后她又打你,重复以上动作。

② 当孩子以类似不当行为要挟你时,不要满足她。当你准备满足孩子的要求时,对孩子说:"你什么时候能好好跟我说话,我再答应你。"

③ 有时候孩子态度激烈,你可以离开现场,让自己和孩子都冷静一下。你可以说:"你刚才的行为让妈妈很伤心,我为了避免情绪失控,需要到卧室冷静一下,你自己最好也冷静一下。"

(3)在孩子情绪好的时候,教会孩子一些正确表达情绪的方式。要发泄负面情绪,可以扔枕头、揉碎纸、画一幅画、设计一个"冷静角",等等。

(4)正面管教不是让所有孩子都变成完美宝宝,而是让孩子学会在犯错中成长。家长自己也一样,挑战并不可怕,每一次挑战,都是自己和孩子成长的机会,要保持一颗理智而坚定的心,学会正面应对。

问题 2:孩子偷看 iPad 还撒谎,家长该怎么办?

家长求助

川妈,孩子一上学我们就商量好规定周一到周五不看 iPad,但最近我连续几天加班,回家发现孩子作业没完成,还看过 iPad(因为 iPad 换了位置,而且没电了),问他是不是看 iPad 耽误了写作业,他竟然不承认,还拉着脸,发脾气。我太气愤了,心想:看了就看了,为什么还不承认呢?难道他是怕我责罚?我很担心他养成说谎的毛病。请川妈指教。

🔑 华川答疑

（1）你自己分析得很对：孩子说谎是怕你骂他。事实上大多数爱说谎的孩子都有一个或两个特别严厉的家长。

说谎—责罚—更高技术的说谎，这是很多孩子的成长路线。

要打破这个恶性循环也不难，只要你坐在孩子身边，温和而平静地询问孩子："妈妈想知道你刚才做了什么。我保证无论你说什么我都不骂你。"

你的眼神和态度，要真诚而可信，并且说到做到，在孩子说出实情以后保持平静。

（2）孩子说出一个让你难受的真相，该如何处理？温和不等于放纵。你可以坦诚表达自己的感受，要让孩子跟自己，彼此共情。

"听你这么说我心里真的很难过，我也知道你这么做有自己的原因，但是，为了……我们最好别让这种事情再次发生。"

"接下来，我们好好商量一个方法，怎么杜绝这种事情再次发生。"

（3）所有的一般性沟通解决不了的问题，建议都可以拿到家庭会议上来谈。在尊重家长、尊重孩子、尊重客观情形的基础上，一起讨论列出几个可选方案，最终让孩子进行选择，一定要给孩子一定权利，他才能学会责任和担当。

（4）另外，iPad 等电子产品，对于很多孩子的诱惑力跟毒品相当。即便定好了规则，也不要故意去考验孩子。如果你不希望自己不在家的时候孩子玩 iPad，最明智的方法是把 iPad 收走，藏好。

问题3：孩子写作业总是拖延磨蹭，怎样才能培养他自主学习呢？

🔓 家长求助

川妈，我女儿写作业总是磨蹭，周五放学就提醒她把作业早点完成，她答应得挺好，还说在学校已经做了一些，就剩一点点了。可每次到周日晚上她总是慌忙赶着做作业，有时拖到半夜。我看她这样，想着睡眠不足又会影响第二天在学校的学习，每次情绪上来，控制不住吼她一顿，她有时哭，有时不说话，可到下一周又是这样，我简直伤透脑筋了⋯⋯

🔑 华川答疑

(1)孩子自主完成作业的能力是需要慢慢培养的，尤其是在孩子时间概念不强，作业又很多的情况下，需要家长适时介入。介入的方式有三种：

① 协助孩子做整体规划。通常以日常惯例表的形式，以"周"为一个试行期，每周末家庭会议检讨不足，优化惯例表。

② 协助孩子做小规划。尤其是在任务事项多的周末，一天的计划要更细致，可以周五晚上或者周六上午，让孩子提出作业完成计划，将作业分出节点。比如十点前完成语文，下午两点前完成数学和英语，等等。

③ 在孩子没形成习惯之前，既要检查结果，也要控制过程。即检查孩子阶段性任务是否完成。不要只在周日晚上做终级检查。

(2)家长的过程监控不等于反复催促、唠叨。建议用自然后果和逻辑后果来控制。比如，你可以告诉孩子：按照我们的时间计划,如果你上午十一点之前完成语文作业,我们全家人可以一起去动物园;如果下午才能完成,就只能在小院里散步;如果你想拖到天黑才完成,那我只能带其他人出去散步。提前告诉孩子后果,给出有限制的选择,让孩子自己选择自己承担。然后你说:"如果作业完成了就拿过来给我看。"接下来忙自己的事就可以了。

(3)让孩子自主学习不是一件容易的事,需要长期训练。前期家长准备得越好,跟孩子沟通得越充分,过程监控越严格,越有利于孩子早日形成良好习惯。如果家长不做任何努力,直接甩手,大多数情况会让家长失望。

(4)"放手"也是一个循序渐进的过程,放一步,收半步,过程还有可能出现倒退、反复。这些都是正常情况。家长提前做好心理预防,不要心急,欲速则不达。

(5)放手过程中,正面鼓励比惩罚责骂更有效。当孩子遵守规定时间,完成一项任务时,家长及时给予鼓励:

"这么快就完成作业了,你是不是觉得自己挺棒?"

"你有没有发觉自己很有潜力?总之妈妈看好你哦!"

问题4:当孩子的"起床气"遭遇大人的"迟到焦虑",该怎么办呢?

🔓 家长求助

昨天早上起床后,我给5岁的女儿准备好的鞋她不穿,还大声没礼貌地说:"这双鞋挤脚,给我换一双。"(这双旧鞋一直穿也没说挤脚啊!)我跟她说:"那双鞋落在幼儿园了,要不你自己找双合适的鞋吧!我也没有办法,或者你告诉妈妈能怎么做?"她很生气,开始踢鞋柜门发泄,我有点头大,强压怒火跟她说:"到了幼儿园,马上能换上昨天落在幼儿园的鞋,只需要将就穿一会就好,再说开车去幼儿园,两三分钟就到了。"她依然不依不饶的,眼看就要迟到了,我没办法,吼了她一顿,她委屈地哭了,也不说话了,乖乖地穿鞋子。事后我很后悔,也不是什么特别严重的事,也知道吼叫对孩子不好,可是总感觉孩子早上脾气大,爱无理取闹。请问川妈,是不是我太焦虑了?

华川答疑

(1)据统计,无论家长还是孩子,早上都是负面情绪爆发的高峰期。于孩子而言,可能是"起床气"在作怪;于家长而言,则是"迟到焦虑"在起作用。

(2)深究原因,都是"时间"问题。因为时间紧张,孩子从"睡眠"到"清醒"没有足够的过渡缓冲,所以才产生"起床气"。也是因为时间紧,家长会过度焦虑,并很难控制对孩子不停地催促,又反过来加重了孩子的"起床气"。

所以解决这类事件,还是要从"时间管理"着手。睡觉前安排好第二天早上的事务,包括早餐安排、衣帽鞋袜、上班上学的装备,等等。另外,早上也要有足够的时间,让孩子能保持自己的节奏,或者让家长有更多等待的余地。

(3)在遭遇孩子耍性子的情景时,家长可以有两种选择:第一,让孩子自己做决定。"现在家里就这几双鞋子,你自己决定穿哪双吧。"第二,家长提供几种选择,让孩子选。"你就穿脚上这双咱们赶紧出发,早早去幼儿园换你喜欢的那双。""或者你再考虑一下换一双别的鞋,最好在两分钟内穿好,不然我们都可能会迟到。"

如果家长情绪控制得够好,还可以有第三种选择:以游戏的方式哄孩子穿鞋。比如"咱俩比比谁穿鞋快,谁赢了晚上可以吃一颗棒棒糖"。或者模仿鞋子说话。"主人,你快穿上我吧,我最喜欢你的臭脚丫子了。"

(4)孩子软硬不吃,你可以提高嗓门,让自己显得严厉一些,但不要说一些伤害孩子自尊的话。有时候你可以假装快要生气让孩子意识到问题的严重性。但最好保持内心的理智,不要真正生气、失控。

问题5:外出游玩时,孩子耍脾气怎么办?

🔓 家长求助

周末的时候,5岁的姐姐想去动物园,3岁的弟弟要去野餐,爷爷奶奶倾向于动物园,于是就答应弟弟去动物园野餐,没想到弟弟一进动物园就要马上野餐。

我很生气,没有理他,结果他踩我鞋发泄。他脾气越来越大,我跟他说:"你要向妈妈道歉,再踩我妈妈就生气了,我不拉你手了,你自己走吧。"心里想着:这孩子这么不听话,不懂事,后悔带他出来。

他不停地吼叫着:"什么时候野餐啊?现在我就要野餐!"然后又踩我的鞋子,我和他讲道理,可他根本不听,我的情绪也快失控了。想问川妈,家有俩宝怎么平衡他们的意见冲突,怎么引导小宝管理自己的情绪呢?

🔑 华川答疑

(1)这是一起明显的权利之争,多子女家庭非常常见。孩子坚持自己的主张,并不是什么坏事,父母加以正面引导,孩子会成长为一个意志力坚定并且有主见的人。所以,当孩子坚持自己的主张时,不要紧张,也不要强硬打压、强迫服从。

(2)在当时的情景下,一家人可以找地方开个冷静的"现场会议",让两个孩子、父母双方都说出自己的想法、主张。一起头脑风暴讨论几个方案,让大家选择。比如:先野餐再看长颈鹿;一半人先找地方准备野餐,另一半人去看动物……如果受客观条件局限,总是没有孩子们满意的方案,家长可以摊手求助孩子"你们说该怎么办呢?爸爸妈妈等你俩确定一个方案。"

(3)避免这种纷争最好的方式是在出发前开个家庭会议,讨论游玩的安排。如果家长想完全掌控现场情况,可以在家庭会议上提出:"到了动物园以后,为了确保大家的安全,必须统一听从爸爸的指示,跟随爸爸行动。如果做不到,就不能去动物园。"

(4)两三岁的孩子前额叶皮质没发育好,经常会情绪失控。我们要理解、接纳孩子的情绪,比如对孩子说:"我知道你现在特别想野餐,因为野餐确实有趣啊。"同时你要温和制止孩子的伤害性行为,比如握住他想打人的胳膊,按住他的脚,直到他冷静下来,决定停止不当行为。

(5)如果家长跟孩子斗气报复,情况会变得更糟。原本的权利之争会升级为报复和仇恨。

所以家长必须管理好自己的情绪,不要让坏情绪恶性循环。

问题6：孩子夜里总是翻来覆去，为何睡个安稳觉那么难？

🔓 家长求助

川妈，我家宝宝两岁半了，最近总是半夜醒来，躁动不安，又哭又叫，我特别困，也很烦躁，不想理她，只想她快点安静我好睡觉。

她把被子掀了又要我给她盖上，反反复复，我以为她热，又换了薄被子，没过多久还是翻来覆去特别吵，我实在忍不住就吼她了，她不敢动了，过会儿又这样。请问川妈，为什么这么大了还不能睡整夜觉，怎么才能让孩子安稳入睡呢？

🔑 华川答疑

（1）孩子半夜哭闹，有两个原因：第一个原因是孩子不舒服，可能是被子厚了，或者其他原因。2岁多的孩子体温调节系统还没发育好，对温度、湿度都特别敏感，经常会因为感觉不舒服而醒来。设想一下你自己，如果舒舒服服地睡着了，会故意醒来折腾别人吗？当然不会，所以孩子夜里哭闹，一定是有原因的，她生理上难受的程度，可能远远大于你被搅醒的烦恼，而孩子又不能表达清楚，只好用一些大人看起来不可理喻的方式来表达，所以，请一定谅解孩子，她不是故意的。

（2）在给孩子更换薄被子以后，孩子仍然哭闹，有第二个原因：寻求你的关注。

孩子一旦醒了，可能难以重新入睡，加上之前被吼骂，孩子情绪很受伤。这时候特别需要妈妈的温柔安抚，情绪才能平静下来，情绪平静了，找回安全感了，孩子才可能顺利入睡。

（3）遇到任何挑战,家长的思路要切换到"解决问题"上来,而不是"发泄自己的情绪",因为越是情绪化,越不利于解决问题。

避免情绪化的重要前提,就是前面所说的两点:理解你的孩子,理解她行为背后的动机。要有一个信念:一个 2 岁多的孩子,绝对不会故意犯错,故意惹家长生气。

（4）如何让孩子安稳入睡? 许多孩子在这个年龄还不能安稳睡整夜,这跟身体发育有关。

夜里的温度、湿度会有较大的起伏、变化,有些孩子身体敏感,适应能力差,在气温升高时会热醒,气温降低时会冷醒,空气干燥时又会燥醒。

建议家里放一个温度湿度计,尽量把温度湿度调节到最舒适的水准(网上可以查到相应指标),必要时使用空调和加湿器。

可以给孩子穿一个薄睡袋,或背心睡觉。气温降低时再加盖一条薄毯子。当孩子热的时候会翻身踢掉薄毯子,这样她就感觉凉快一些了。

从情绪上安抚。半夜醒来的孩子,难受又恐惧。这时候最需要妈妈的安抚。越能及时安抚,孩子越能快速恢复情绪,重新入睡。

这样是很累,也很考验你的耐心。但这已经是相对而言最好的选择,因为发脾气只会让情况更糟。

努力尝试一下吧。祝你和孩子今晚能有一夜温柔好梦。

问题 7：孩子写作业磨蹭，找借口、不专心怎么办？

🔒 家长求助

我儿子 5 岁了，最近在家写作业，总是慢吞吞老不情愿，而且很不专心，有时突然灵感闪现和我们说话，一会玩橡皮或者笔，一会要喝水，一会上厕所，或者找个借口干点别的事情。你要是批评他，他就会烦躁起来，别别扭扭不爱写了。请问川妈，我应该怎么做才能让他改掉这些毛病，主动写作业呢？

🔑 华川答疑

孩子不好好写作业，带给家长的不同情绪感受，对应着孩子不同的行为动机。可能是寻求关注，也可能是权利之争，也可能是报复或者无能为力。家长的"愤怒"情绪，一般对应着孩子的权利之争。也就是，关于做多少作业，如何完成，何时完成，孩子想自己说了算。对于权利之争，家长不一定全部放权，但是要给孩子一些"做主"的机会，在"做作业"这件事上，听取孩子的意见。

5 岁的孩子，本来该以玩乐为主，集中注意力的时间也只有 10 分钟左右。如果孩子总是抗拒，要考虑作业是不是太多，是否超出了孩子的承受能力。刚开始写作业可能确实有些困难，而且对他来说不一定是件有趣的事情，这与在家里玩游戏、玩娃娃相比，自然缺乏吸引力，他们觉得困难就更不喜欢。所以，要理解孩子的这种表现是正常的。

在真正了解孩子写作业磨蹭、不专心的原因的前提下，再对症下药，效果就会好很多。以下是一些建议：

(1)建议采用"家庭会议"的方式解决权利之争。

妈妈可以这样对孩子说：每天妈妈都催着你做作业，你是不是很烦？妈妈也很烦。我们和爸爸一起想办法,讨论一个好的方法,让"作业"每天轻松愉快地完成好不好?

告诉孩子:妈妈以前没跟你商量,就命令你做作业,妈妈向你道歉。现在,我愿意听听你自己的意见,怎么处理做作业这件事。

先鼓励孩子发言,大家充分讨论利弊,最后列出几个可选方案。让孩子自己选择一个,执行下去。当然不是有了方案就会一劳永逸,后期的执行过程,妈妈仍然需要温和提醒。

(2)争取让孩子有一个好的心情。

理解孩子,知道孩子不是在捣乱,不是不懂事,他的不专心和磨蹭只是正常心理规律的结果,父母也不用那么生气和急躁,心态也就平和了。父母不会用自己的焦急骚扰孩子,孩子也容易心情平静。

(3)不催促孩子,让孩子知道写作业是自己的事情。

孩子有时不爱写作业,此时父母没必要劝他、逼他写作业,适当提醒一下就可以了,让孩子明白写作业是他自己的事。

(4)按照孩子自己的节奏来写作业。

强行按父母的节奏去要求孩子,这不一定适合孩子,孩子一时也做不到。而应让他按照自己的节奏来写,会更顺畅。

(5)让孩子自己体验行为的结果。

这是行为疗法的原理,通过孩子体验自然后果来改变他的行为。不愿写作业,就不写,自己想想老师批评的后果,就乖乖去写了。因为孩子一般都有蓬勃的上进心,希望自己学得更好,所以哪种行为促使成绩提高,他自然会选择这种行为。

(6)鼓励孩子。

给予孩子真诚的表扬和鼓励。如贴小星星等,也可以在早些写完(或写完一门)作业时,答应陪他玩最喜欢的游戏。另外,只要一点小的进步就表扬,哪怕他专心了五分钟也"毫不吝啬"地表扬,而学得不好的时候批评要淡化。

习惯改变的过程比较"漫长",不要着急,慢慢来。

问题8：孩子不爱收拾、乱扔玩具怎么办？

🔓 家长求助

我家儿子5岁了,总是把玩过的玩具、书到处扔,这不今天一大早发现昨晚玩过的玩具车找不到了,然后发脾气还要求爷爷一定要找到,不找到就拒绝上幼儿园。

我也引导过,也一起收拾过,也奖罚过,每次都是我监督才不情愿地收拾,好像都没有让他真正地养成习惯,是因为我们在这块缺乏方法和坚持吗？如何才能培养孩子收拾玩具的习惯呢？

🔑 华川答疑

(1)孩子因为找不到心爱的玩具而产生负面情绪,是可以理解的。如果孩子做出了不尊重他人的举动,家长需要立刻批评阻止。但是,你仍然可以心平气和,告诉孩子："我知道你很难过,等你平静下来以后,我可以帮你一起想办法。"

(2)有时候找东西的办法就是:邀请孩子一起把房间收拾整理一遍,经常在收拾整理其他东西的过程中,那些丢失的东西会"意外"出现。

(3)对于5岁的孩子,收拾玩具或者其他家务,仍然是需要父母陪同训练的技能。你可以抽个专门时间,跟孩子一起商量一个玩具分类存放的方案,为每一类玩具确定一个"固定的家"。5岁的孩子,还不能独立做好这个分类工作,所以需要家长的帮助。

（4）制定好分类存放方案后，家长需要监督、提醒孩子，每次将玩具归位。如果孩子忘了，你可以提醒"你还记得吗？这辆汽车的家在哪里？"你可能要反复提醒，甚至帮助收拾相当长的一段时间，孩子才能形成习惯。

（5）如果孩子故意乱扔玩具、不收拾玩具。你可以说："你没有把这件玩具送回家，这件玩具会迷路、丢失，希望你到时候不要难过。"或者说："你确定不要这些玩具了吗？那么我会把它们收走，处理掉。"然后家长把玩具收到一个孩子拿不到、看不到的地方。在相当长的时间内，不给孩子机会玩这些玩具。

（6）仍然希望你能尝试用"家庭会议"的方式解决所有类似问题。迈出第一步，就成功一半了。

问题9："要是小弟弟就把他丢掉"—— 大宝不希望二胎是弟弟怎么办？

🔓 家长求助

川妈，我是一位准二胎妈妈，儿子今年4岁了，经常会有亲戚和邻居问他："妈妈肚子里怀的是小弟弟还是小妹妹？"他的回答都是："小妹妹。"

"那如果是弟弟呢？""如果是弟弟就卖给你家。"

亲戚问他："多少钱？"他说："2元。"

如果是小妹妹就坚决不同意给别人，亲戚问："妈妈以后抱小妹妹了，你怎么办？"

他说："爸爸抱我。"

有时还说要把小弟弟丢掉，我不相信这么小的宝宝会有小弟弟和小妹妹的区别，不知道他心里怎么想的。

最近一段时间任何一点点事情不如意,他就会用吼叫发泄他的情绪,或者就是无眼泪的哼哭。想请教一下川妈他为什么会排斥弟弟,一般不都是姐姐想要二胎是妹妹,哥哥想要弟弟吗?

华川答疑

(1)一个 4 岁的孩子对于性别有如此强烈的倾向一定是受了成年人的暗示,这种暗示可能来源于父母、家里的老人,也可能来源于亲友或者动画。总之,周围的环境不要给孩子任何一种弟弟不好或者妹妹不好的暗示。

(2)可以等孩子平静时耐心询问,为什么不喜欢弟弟或妹妹。告诉孩子:无论是弟弟还是妹妹,他们都会喜欢你,都会因为有你这样一个哥哥而骄傲。

(3)可以引导孩子看一些关于手足之情的动画或者绘本。

(4)孩子忽然变得敏感易怒,通常有两个原因:身体的原因(因生病导致身体不适)、心理原因(缺乏归属感和安全感)。前者靠治疗,后者靠陪伴。

(5)总是爱哭的孩子,家长除了检查自己的言行,也要教会孩子一些释放负面情绪的方法,比如有趣的"冷静角",安排孩子任务让他有成就感,或者就多给孩子拥抱,允许他伏在自己肩头哭够。

最后,推荐一本关于儿童情绪安抚的绘本《杰瑞的冷静太空》。

问题 10：孩子吃饭问题多，以后上幼儿园会不会饿肚子？

家长求助

我儿子 3 岁了，每天吃饭特别慢，喜欢不停地说话，在家时吃一餐饭要一个多小时。

我想了很多种办法，比如我拿了一个闹钟给他，指给他看，20分钟之后如果不吃完妈妈就把饭端走。

或者跟他说，赶紧吃饭，饭要凉了，我们开始比赛，看谁在规定的时间里能先吃完，吃完了奖励水果、酸奶。

可是他只是看着闹钟，要提醒了才吃，没吃几口就说妈妈我实在吃不下了，每次到最后都是喂完的。

我很担心他这样马上就要上幼儿园了，会不会吃不饱，所以想就这件事请教一下华川，感觉能哄着吃饭的方法都用了，我怎么能让儿子快点吃饭呢？

华川答疑

（1）孩子吃饭慢，吃东西少，这是个普遍问题。在这个事件里，妈妈的态度和行为都没有问题。只是心态有一点问题——焦虑。

（2）孩子自认为吃饱了，妈妈却担心没吃饱，到底谁对呢？检验方法很简单，不逼迫孩子吃饭，看他能否坚持多长时间不吃东西。4 岁的孩子，两顿正餐之间加一顿点心是必要的。幼儿园一般是上午 10:30 和下午 2:30 加点心。孩子每次进餐间隔时间是2 小时左右。所以，你的孩子在"自认为吃饱"以后，可以间隔 2小时不吃东西，就是正常的。应该尊重孩子。

（3）如果通过测试，孩子不到 2 小时就饿了，则说明孩子没吃饱。可以让孩子体验挨饿的自然后果，下一次就会有改进。

（4）如果孩子总是食欲不佳，也要考虑改进食谱。

（5）孩子进幼儿园后，是有可能跟不上节奏吃不饱饭，但因此造成健康问题的概率极低。关注孩子的体检指标就好，不必纠结于孩子具体哪顿吃多吃少。

问题 11：孩子发脾气时摔打、乱扔、不收拾玩具，怎么办？

家长求助

昨天晚上吃过晚饭，我在厨房收拾餐具，4 岁的儿子在客厅玩玩具。

突然一阵噼噼啪啪，我出来一看，儿子把好几个玩具砸到地上、沙发上、电视柜上。

我当时很生气，因为这不是第一次了，时不时就会发生，发脾气时把不想玩的玩具扔得到处都是。

我问他："你怎么了？""我不想玩了，我想和爸爸踢球。"

"你想和爸爸踢球就好好和爸爸说呀，干吗乱扔玩具呢？""我就要扔！"

说着随手拿起一个乐高积木拼好的小房子砸在了卧室的门框上，积木散了，飞溅得到处都是。

我强忍怒火，心想，是不是玩具太多了，就不珍惜了，但是相比其他小孩，我家的玩具也不算多。

于是给他两个选择："第一，如果不要玩了，我就送给别的小朋友玩；第二，如果以后还想玩，自己收拾好放在玩具箱里。"

他一听,随即打了我一拳,嘴里嘟囔:"不允许送给其他小朋友,我也不想收拾,妈妈收!"

我没有理他,继续回厨房洗碗去了,他跟着跑过来气鼓鼓地站在厨房门口,变得激动、愤怒、没有眼泪地哭喊、乱叫。

我不断跟自己说,冷静!冷静!把刚才的两个选择又重复了一遍。

许久,我洗完碗又接着去拖地,没有理他。

最后他看我态度强硬,也可能是哭累了,慢慢地把几个扔了的玩具捡起来放到了玩具箱。

虽然我强忍怒火,没有吼骂,也没有动手打他,但心里却十分愤怒生气。

想知道孩子在情绪失控的时候要怎么做? 我这样做对吗?

🔑 华川答疑

(1)妈妈在孩子有不当行为时控制住了自己的情绪,并且给孩子提供选择,这一点值得肯定。但是看得出来妈妈内心依然很受伤。

(2)4岁的孩子,前额叶皮质没发育好,容易情绪失控是正常的。这一次孩子摔玩具的本质是"报复",即报复爸爸不陪自己玩球。解决问题也要从"爸爸陪伴"这个角度来考虑。妈妈提供的选择可以加上:收拾好玩具,爸爸某个时间有空了一定陪你玩球。

(3)在孩子平静的时候,一家人商量好亲子陪伴的方式、计划。建议可以开家庭会议讨论,什么时间爸爸陪玩球,什么时间妈妈陪讲故事,等等。把孩子最期待的亲子活动或玩耍活动,固定下来,写进计划,贴在墙上,这样孩子心里就有了底,也更愿意付出耐心等待。如果游玩计划因意外执行不了,也应该有补偿机制。

（4）当然孩子总会有不满足、情绪失控的时候。他有权利难过、生气，但是没有权利因生气做出一些伤害性行为（打人、摔东西等）。

🐉问题12：3岁大宝不好好睡觉，还压在妹妹身上，该怎么阻止？🐉

🔒 家长求助

我家大宝哥哥3岁，小宝妹妹1岁。哥哥很有爱心，也挺喜欢妹妹，但是每晚的睡前仪式令我头疼。每晚洗漱后我会给他们讲故事或者播放音乐，哥哥总爱和妹妹疯闹，昨晚还故意压在妹妹身上，我大声训斥制止了他，他似乎不太理解，过了一会儿又开始疯闹了。最后妹妹要睡觉开始吵闹，哥哥没玩够被制止便哼哼唧唧，结果导致俩宝都不能按时睡觉。因此我的负面情绪经常在睡前爆发，川妈有什么更好的办法吗？

🔑 华川答疑

（1）孩子不好好睡觉原因有很多，包括"睡点"没到，或者过了"睡点"；孩子的注意力被其他事物吸引；大脑处于兴奋状态；等等。从你所描述的事实来看，至少有一个原因非常清楚：两个好动的孩子彼此影响，使得孩子缺少一个安静的入睡环境。良好的睡眠习惯需要用心慢慢培养，我们也会在家长课堂发布专门的课程。

（2）一个3岁孩子的认知能力和自控力非常有限，这是生理发育的局限，跟是否懂事无关（除非你给孩子提供了足够多的学习和练习机会）。因此，当3岁大宝表达对1岁妹妹的喜爱时，他直接压在妹妹身上,当他想阻止妹妹某个行为时,也可能直接使用"肢体语言"。这是孩子的一种直觉动作,不是有意"犯错"。所以当你吼骂孩子时,孩子表现得十分"惊讶",他完全不明白自己做错了什么。

(3)但是,我们依然不能放任孩子的行为,尤其是当这些行为涉及安全底线的时候。家长要教会孩子更合适的表达方式,无论是肢体动作还是语言,都需要反复地"教"和"练习"。而这种"教",仅仅通过语言说教效果有限,最好能结合"动作示范"来教孩子,比如,你可以轻轻压在孩子身上,直到他感到轻微的痛,然后问:"妹妹被你压着也会痛,是不是?"在日常陪伴孩子的过程中,一家人可以创造更多游戏,让孩子学会安全地表达情感,比如握手、拥抱、拍拍背……

(4)吼骂责罚教不会孩子任何技能,只会使亲子关系受伤。

(5)不要高估一个两三岁孩子的自控力,即便你曾教育、引导过孩子,作为两个低龄宝宝的家长,永远不能懈怠自己的监护职责。

问题13:3岁女宝因为妈妈先哄妹妹睡觉而崩溃大哭,怎么办?

家长求助

我家大宝女儿3岁,今年刚生了二胎妹妹,而大宝还小,担心因为妹妹的出生让她失去安全感,我陪她的时间多过妹妹。但她每天都会试探和询问:妈妈喜欢我还是妹妹?经常要妈妈陪,一不满足就大哭。

每天中午吃完饭，我哄大宝睡，奶奶哄小宝睡。小宝有时候也会哭，找妈妈，但我一般都是先陪大宝，以大宝的需求为先。昨天中午吃完饭，大宝说不想睡觉，因为早上确实起得比较晚，我说："好的，你跟奶奶在客厅玩会，妈妈先去哄妹妹睡。"大宝突然崩溃大哭。

我只好抱着她到房间，陪了她一会，我说："要不你摸一会胳膊吧，看能不能睡着，一会妈妈就要上班去了。"孩子又崩溃大哭，说："妈妈我不让你上班，我想让你陪我。"最近频繁出现不让我上班的情况，我在考虑要不要带她去咨询心理医生了。

华川答疑

(1)大宝崩溃，是因为一句"妈妈先去哄妹妹睡"。因为在大宝的潜意识里，妈妈应该先哄自己睡觉，被妈妈哄睡是大宝非常在乎的时光。所以大宝改变了主意，即使睡不着，也不想失去妈妈陪伴的时光，也要妈妈哄睡自己。两三岁的孩子心理就是这么敏感，非常在乎妈妈的一言一行，这是一个正常孩子的正常情感反应，不需要去看心理医生。

(2)其实你已经做得足够好，很多情况下都优先满足大宝，陪伴大宝。然而大宝适应小宝的存在，总是需要一个过程，对于先天性情敏感的孩子，这个适应过程会更长一些。但这只是时间问题，大宝迟早能适应小宝的到来。从整个事件来看，你没做错什么，孩子也没错。这就是一个自然的"成长痛"，平静地接纳它，时间会解决所有问题。

(3)也有一些方法可以减少对大宝的刺激，比如，不要当着大宝的面说:我要对小宝怎么样。不要当着大宝的面夸奖小宝，也尽量不要当着大宝的面哺乳。

（4）不必担心大宝是不是太自私、不懂分享，这么大的孩子，所有行为都出自本能。大宝何时能愉快地接受母爱被分享的事实，就取决于你怎么对大宝。还是尽可能多陪大宝，体贴大宝敏感的内心，并帮助大宝培养一些兴趣，比如绘画、阅读、堆积木，让孩子逐渐学会发现母爱以外的兴趣。一切都会好起来的，不要担心。

问题 14：妈妈给妹妹喂奶，姐姐要妈妈帮忙，该怎么办呢？

家长求助

川妈，我们家姐姐 4 岁半，妹妹 8 个月，姐姐经常在我照顾妹妹的时候缠着我陪她玩。昨天晚上我在客厅给妹妹喂奶，姐姐一个人玩 iPad，突然哭着让我帮她打游戏过关 。我让她等一下，可她不愿意，一直在旁边哭。我很生气，对她吼道："能不能不要哭，不知道妈妈在忙吗？能不能懂点事，再这样妈妈把游戏删了！"姐姐哭得更凶了，我知道她还是个孩子，不应该对她那么凶，可每次遇到这种情况，我尝试跟她讲道理没用，转移注意力好像也没用。川妈有什么好办法吗？

华川答疑

（1）孩子出现这种行为有两种可能：第一种，孩子在寻求妈妈的关注；第二种，可能是孩子无能为力，确实需要妈妈的帮助。寻求关注，就是孩子需要妈妈注意到她，需要妈妈给予关爱。让妈妈帮她玩游戏过关，可能只是一个借口。孩子之所以纠缠妈妈是因为妈妈在照顾妹妹，她缺少安全感和归属感。无能为力,即孩子真的遇到困难,自己无法克服这个困难,在寻求妈妈帮助时,恰巧碰到妈妈在给妹妹喂奶,两个事件交织在一起,就引发了矛盾。

(2)孩子在寻求关注的时候,妈妈需要注意的是在平常的时间多给大宝关爱,可以跟孩子约定好,妈妈在某个特定情况下一定帮,比如当妈妈忙完事情,主动表示可以帮的时候;或者在妹妹哄睡之后;并且每周不少于几次。这好比跟孩子约定了一个"特别专享时光",孩子有了归属感,就会更有耐心等待,不会在任何时候去纠缠妈妈。

(3)如果孩子遇到了困难是真的在寻求妈妈的帮助,在当时的场景之下,妈妈可以先把小宝交给其他人,停下来关注一下大宝,可能两三分钟,孩子就安静下来了,比你同时去安抚两个孩子花费的时间和精力要更少。如果周围没有其他人,妈妈可以和孩子做个游戏,比如"你数到 20 妈妈就来帮你","你看看墙上的挂钟,指到 3 妈妈就来帮你"。为了避免类似的事情经常发生,你给孩子的任务或者游戏不要超过她的能力。

(4)俩宝之家大宝寻求关注的现象特别多,除了特别陪伴时光之外,还要安排其他的活动来转移她的注意力。或者寻求孩子的帮助让她帮你做一点事情,让她自己找到价值感。4 岁半的孩子在妈妈分身乏术的时候,可能还需要另一个亲近的人陪伴。

(5)要长效解决这个问题,需要平时去慢慢摸索、尝试。可以召开一个家庭会议,让全家人一起想办法,如果有另外一个家长参与进来,问题就好解决得多。有时候妈妈分身乏术,孩子也必须要学会等待,学会去分享。这也是孩子的一个成长必修课,家长不必太焦虑。现实就是如此,总不会太完美。

问题 15：5 岁姐姐把 2 岁弟弟从滑梯上推下来，这是怎么回事？

🔒 家长求助

这几天我们一家在外旅行，带着 5 岁的姐姐和 2 岁的弟弟，俩宝很兴奋，时常疯闹。昨天在酒店的小滑梯上，姐姐把弟弟推下来，弟弟的嘴摔出血了。出去玩了一天，我也很累，我当时很气愤，大声对他们说："不要打闹，如果一个人因为打闹哭了，你们两个就都站到酒店外面去。"然后就往外面拉孩子。两个孩子都很害怕，一直哭。事后我也挺后悔，两个孩子都还小，正是打打闹闹的年龄，不该这么粗暴。

🔑 华川答疑

（1）孩子们会在打闹、游戏中受伤，这很正常。家长需要学会判断是有孩子故意伤害，还是纯属意外。对于学龄前儿童，绝大多数打闹事故可归类为意外。只有极少数是故意伤害。

（2）如果你判断可能是故意伤害，你需要重点关注那个"施暴"的孩子，这个关注不是指惩罚，而是关注孩子内心缺失了什么。孩子的所有错误行为都是由于归属感和价值感缺失造成的。因此对于犯错孩子的教育，要尽力弥补孩子的归属感和价值感，要让孩子感觉到自己被关爱、被接纳，并且是对大家有用的人。一个缺少爱、被忽视的孩子，才会以出格的行为来显示自己的价值。

（3）如果只是意外，家长需要借此机会提升孩子的安全意识，并向孩子示范、教孩子练习正确的游戏方式。比如，玩滑滑梯必须等前面的小朋友先滑下去，并站起来离开滑梯（找机会带着孩子一起演示）；不用手推比自己小 2 岁以上的宝宝，因为你的推力，小宝宝可能承受不了（让孩子体会被推的力度）。

（4）当孩子们在公众场合发生争执矛盾，选择教育方式时，一定要注意尽量把对公共环境的干扰降到最低。可以先小声严肃制止，然后迅速带孩子回到酒店房间再教育。

（5）处理俩宝争斗的一般法则是：先安慰小宝，不着急训斥大宝，如果小宝没求助，家长可以假装没看见，让孩子们自己解决。要是小宝求助或受伤，家长先安抚好小宝，等大家情绪都平静下来，再好好商量解决。

问题 16：6 岁哥哥不跟妹妹分享玩具，怎么办？

🔒 家长求助

我家 6 岁哥哥总爱抢妹妹的玩具，不管妹妹手上拿了什么他都要抢过去，惹得妹妹次次尖叫。这两天妹妹发烧生病了，精神状态不好，看到感兴趣的玩具拿着玩一下，被哥哥一把抢回来说是他的玩具，妹妹大哭，我吼了哥哥，哥哥生气发脾气。每次除了吼骂也没有更好的办法，感觉亲子关系也变差了，求川妈支招。

🔑 华川答疑

（1）孩子的认知水平有限，有时候不能完全理解大人的指令，尤其是理解事情的因果关系。比如，生病的孩子就可以享有特权、玩别人的东西。除非事先对这一点做过约定，孩子抢回玩具完全是正常的、本能的反应，不应该被定义为"自私""错误"。

（2）"分享"这种美德需要一个缓慢的训练,需要大人以身示范地引导,孩子如果能享受到分享的快乐,他自然会分享。不提倡强制分享。

（3）家长可以这么做:当哥哥抢走玩具时,家长可以引导哥哥共情,可以假扮妹妹发出恳求:"我好喜欢哥哥的玩具,哥哥这次借给我玩,下次妹妹有好东西也给哥哥。"如果哥哥坚持不给,可以失望,但不要斥责,转移小宝的注意力就好。

培养孩子"分享"的能力,需要有个训练过程,体验分享的收获,以及不分享的后果,也是训练的一种。

问题 17：7 岁哥哥想跟 2 岁弟弟获得同样待遇，该如何应对呢？

家长求助

昨晚从超市回到家,我让大宝去洗澡,对他说:"你先去洗,我准备火锅,你洗完就差不多可以吃了。"大宝说:"好,让我再和弟弟玩三分钟。"我就说:"妈妈从厨房出来再次叫你,就是三分钟到了,赶快去洗。"他说:"好。"等我出来叫他时,他说:"能再玩一分钟吗?"我没有说话,他慢吞吞走进卫生间。

这时,爸爸对小宝说:"收拾好玩具,我带你洗手去,晚上有披萨,有火锅。"大宝一听非常激动,大喊大叫:"凭什么弟弟不用现在洗,凭什么他洗手了就可以吃饭,而要我洗了澡才吃饭?"我连忙说:"我们约定好的,你为什么又不遵守?"大宝反应激烈,从卫生间冲出来,一屁股坐地上:"我现在就不洗澡。"劝解无效,最后只有妥协,吃完饭再洗澡。

另外,大宝非常喜欢哼哼唧唧,做事情也喜欢犹豫不决,经常惹我心烦。不知道怎么让他改掉这个毛病。

🔑 华川答疑

（1）俩宝之家，孩子们会经常为获得同样的待遇而争执。尤其是大宝，会对弟弟、妹妹获得的不同待遇而格外敏感。

我们没必要给两个不同年龄的孩子完全一致的待遇。但一旦存有差异，必须首先给孩子讲清差异存在的理由。

很多家长以为孩子能自己认识到这个理由。其实不然，孩子的认知水平往往达不到大人期望的程度。有时候，你需要耐心地跟孩子解释 7 岁跟 2 岁的不同，以及因为这些不同而产生的差异。

（2）让大宝先洗澡的事情，如果一开始家长就花 2～3 分钟时间解释一下，为什么两个孩子要安排在一先一后不同的时间洗澡（弟弟吃饭容易弄脏身体，所以必须饭后洗），大宝会能更好地执行约定。

（3）孩子喜欢哼唧，往往是因为有了不满的情绪无从表达，或害怕直接表达。这时家长应该温和地鼓励孩子：你有什么不开心的事？请说说你的理由，我们不会因此而责罚你。

当孩子大胆说出自己的想法时，先对孩子的想法表示接纳"这的确是个问题"，"不过，我们可以一起讨论讨论，会不会有更好的解决方法"。

当孩子的意见总是得到尊重时，他会慢慢变得自信而坦诚。当然这需要一个过程。家长先做好自己的那一部分，剩下的就是等待孩子的成长。

（4）有些孩子天性谨慎，不会那么快做决定，这并不是坏事。家长可以告诉孩子更多细节，带领孩子采用头脑风暴或者启发式提问，引发孩子对问题的深入思考，最后做出决定，坚定地执行。

/ 温和而坚定地养儿育女——二胎妈妈正面管教实践行记 /

参考文献

[1] [日]松田道雄. 育儿百科. 王少丽,译. 北京:华夏出版社,2010.

[2] [美]简·尼尔森,谢丽尔·欧文,罗丝琳·安·达菲. 0~3岁孩子的正面管教. 花莹莹,译. 北京:北京联合出版公司,2015.

[3] [美]简·尼尔森,谢丽尔·欧文,罗丝琳·安·达菲. 3~6岁孩子的正面管教. 娟子,译. 北京:北京联合出版公司,2015.

[4] [美]简·尼尔森,琳·洛特. 十几岁孩子的正面管教. 尹莉莉,译. 北京:北京联合出版公司,2014.

[5] [美]简·尼尔森,琳·洛特,斯蒂芬·格伦. 正面管教 A-Z. 花莹莹,译. 北京:北京联合出版公司,2013.

[6] [美]劳拉·马卡姆. 父母平和 孩子快乐. 刘海青,译. 上海:上海社会科学院出版社,2014.

[7] [美]劳拉·马卡姆. 平和式教养法(多子女篇). 孙璐,译. 上海:上海社会科学院出版社,2016.

[8]　[美]帕梅拉·德鲁克曼.法国妈妈育儿经.李媛媛,译.北京:中信出版社,2012.

[9]　华川.左宝右贝——二胎妈妈育儿经.武汉:武汉大学出版社,2014.

[10]　[美]本杰明·斯波克.斯波克育儿经.武晶平,译.海口:南海出版公司,2007.

/ 温和而坚定地养儿育女——二胎妈妈正面管教践行记 /